_____ 님께

박찬희 교수

- 건국대학교 골프산업전공 교수
- 건국대학교 골프부 감독
- 건국대학교 대외·학생 복지처장
- 대한골프협회 강화위원
- 대한골프협회 핸디캡 분과위원
- 한국대학골프연맹 전무이사(전)
- 한국 문화·체육 진흥원 원장
- 타이틀리스트 자문위원

개정판을 내며

골프에 입문한 사람들은 골프를 잘 치기 위해 알고 있는 수단과 방법을 모두 동원합니다. 골프를 처음 시작하는 주니어 골퍼나 주말골퍼들은 선택의 여지없이 프로에게 레슨을 받기 시작하고 레슨서와 골프전문방송 등 다양한 방법을 동원하여 실력을 향상시키기 위해 노력합니다. 이렇게 골프에 입문하여 경험하는 3개월간의 다양한 레슨 방법이 주말골퍼나 프로선수 모두에게 평생 골프실력을 좌우하는 중요한 밑거름이 됩니다. 이러한 현상은 현재 골프레슨서만 150여종이 판매되고 있으며 골프관련 방송이 늘어나고 있는 사실에서 확인할 수 있습니다.

골프레슨서는 많지만 독창성이 부족하고 대부분 비슷한 구성으로 편성되어 독자들이 식상한 느낌을 받고 있으며, 골프전문채널 외에도 스포츠 경제관련 채널을 통해서 레슨 프로그램이 너무 많이 방송되기에 책을 통해 훌륭한 레슨을 기대하는 골퍼는 많지 않은 것 같습니다. 또한, Golf Digest, GOLF Magazine, THE GOLF 등의 골프전문 잡지들이 세계 탑프로들을 모델로 레슨기사를 쏟아내면서 레슨서에 대한 기대치는 상대적으로 낮아지고 있습니다.

필자는 2014년 '초보에서 싱글&언더까지'라는 저서를 출판하면서 어떠한 비평도 달게 받을 준비로 다시 용기를 내어 더 좋은 저서를 만들기 위한 밑거름으로 삼겠다고 약속하였습니다. 그 약속을 지키기 위해 골프책에서 가장 중요한 이미지 메이킹에 중점을 두었습니다. 이를 위해 스튜디오가 아닌 골프장에서 직접 사진 작업을 하였고 이미지와 설명의 적절한 조합을 통해 명쾌한 문제해결에 초점을 두고 많은 고민을 거듭하였습니다.

이미지에 도움을 주기위해 건국대학교 골프부 제자들이 기꺼이 모델로 도움을 주었습니다. 일본투어에서 활동중인 이보미 프로와의 사진작업은 바쁜 스케줄에도 두 번이나 촬영당일 비가와서 어려움을 겪었고, 안신애 프로는 7월의 가장 더운 날에 스케줄이 잡혀 부채질을 하면서 사진촬영을 마쳤습니다. 김하늘 프로는 갑자기 중요한 스케줄이 겹쳐 연습장소인 파3 코스에서 힘들게 촬영하였습니다. 그 밖에 광저우 아시안게임 2관왕 김현수 프로, 조윤지 프로, 이혜인 프로, 최바름 프로, 권지람 프로 등이 함께 하였습니다.

2014년에 비해 많이 향상되었다고 생각했는데 막상 개정판 출판을 앞두고 보니 너무 부족한 점이 많아 고민이 생기기 시작했습니다. 골프를 너무나 사랑하는 도서출판 의학서원의 이승수 대표께 이러한 고민을 털어놓으니 저에게 우리도 골프 선진국처럼 다음에는 더 많은 투자를 하여 사진작업에 전문가를 동원하고 기획을 통해 멋진 작품을 만들자는 제안을 하였습니다. 이승수 대표의 제안에 다시 용기를 내어 그동안 부족한 점을 보완하기로 하고 용기를 내어봅니다.

이책은 Lesson 1-'골프스윙의 기본'에서 시작하여 Lesson 2-'어드레스에서 피니시까지', Lesson 3-'원포인트 클리닉', Lesson 4-'장타의 조건', Lesson 5-'슬라이스와 훅의 극복', Lesson 6-'트러블샷 뛰어넘기', Lesson 7-'그린 주변 공략법', Lesson 8-'퍼팅의 비결' 등 다양한 골프이론으로 구성하였습니다. 각 장별로 관점은 다르지만 골프의 기본기를 반복하여 강조함으로써 모든 스윙의 단계가 상호 연결되어 있음을 골퍼에게 인식시키려 하였습니다.

또한, 레슨시작 시 '문제점'과 '연습방법'을 동시에 제시하여 골퍼가 원인을 분석한 후 잘못된 스윙동작을 수정할 수 있도록 유도하였습니다. 그림설명 시 독자의 이해를 돕기 위해 '사진설명' 코너를 분리하였고, 잘 된 동작과 잘못된 동작을 O, X로 사진의 우측 하단에 표시하여 본인의 동작과 비교하여 교정할 수 있도록 하였습니다.

현재 우리나라의 골프위상은 "LPGA 140승, JLPGA 3년연속 상금왕" 등의 양적인 성장으로 세계 최고의 골프강국이 되었습니다. 제가 감독으로 있는 '건국대학교 골프부'는 2015년 1부 투어 100승에 이어 현재 130승을 기록하고 있습니다. 골프에 입문하는 많은 골퍼들과 훌륭한 골퍼를 희망하는 많은 주니어 골퍼들이 좀더 체계적으로 골프를 이해하는 작은 도움이 되기를 바랍니다.

이책이 완성되기까지 바쁜 일정중에도 사진작업에 함께해준 이보미, 김하늘, 안신애 등 건국대학교 골프부 제자들에게 고마움을 전합니다. 골프를 사랑하는 마음으로 사진작업 현장을 방문하여 격려하면서 힘을 주신 도서출판 의학서원 이승수 대표께도 다시한번 감사 드립니다. 독자여러분! '골프로 인해 행복하십시오'

저자 박찬희

Contents

Lesson 01 골프 스윙의 기본

010

- 정확하고 안정된 준비자세
- 그립을 잡는 방법
- 그립
- 그립의 위치
- 그립을 취하는 힘의 배분
- 정확한 스탠스와 볼의 위치
- 준비자세의 완결 ①
- 준비자세의 완결 ②
- 정확하고 유연한 포스춰
- 포스춰를 취하는 순서
- 정확한 얼라이먼트
- 에이밍(방향잡기)의 순서

Lesson 02 어드레스에서 피니시까지

034

- 고정관념을 버리면 골프가 보인다
- 1단계: 어드레스
- 2단계: 테이크 어웨이
- 3단계: 하프백스윙
- 4단계: 백스윙 톱
- 5단계: 다운스윙
- 6단계: 임팩트 직전
- 7단계: 임팩트
- 8단계: 임팩트 직후
- 9단계: 팔로우스루
- 10단계: 피니시
- 9가지 볼의 구질

 **Lesson 03** 　원포인트 클리닉

086

- 중력, 원심력, 지면반력, 축운동을 이해하라
- 스윙 궤도
- 스윙 플레인
- 스윙 웨이트 느끼기
- 스윙은 원통형 스윙이 이상적
- 펌핑연습을 통한 완벽한 리듬, 타이밍 만들기
- 리듬, 템포, 타이밍
- 아이언과 우드의 스윙은 같다
- 체중이동과 스웨이
- 균형을 갖춘 체중이동
- 주시의 원리를 이용하라
- 루틴, 왜글, 트리거
- 짧고 강하게
- 다양한 바운스를 갖자
- 스윙교정의 새로운 트랜드
- 빈스윙을 통한 스윙교정
- 스윙 보조기구를 이용한 연습효과 극대화
- 레슨 현장에서 필요한 교수요법

 Lesson 04 　장타의 조건

142

- "멀리 더 멀리"
- 스윙의 효율성을 높인다
- 근육의 파워(power) 및 유연성을 높인다
- 클럽(club)의 효율성으로 임팩트를 좋게한다
- "장타의 조건"

Contents

슬라이스와 훅의 극복

172

- 만성 슬라이스 치유법
- 훅 해결법
- 푸시샷 해결법
- 풀샷 해결법
- 토핑 해결법
- 더핑(뒷땅) 해결법

트러블샷 뛰어넘기

194

- 트러블샷
- 벙커샷
- 벙커샷 연습 방법

Lesson 07 그린 주변 공략법

222

- 그린 주변 공략법
- 어프로치 샷의 원리와 방법
- 치핑샷
- 피치샷

Lesson 08 퍼팅의 비결

258

- 골프에서 절반 이상의 비중을 갖는 퍼팅
- 퍼터 선택의 요점
- 올바른 퍼팅 그립
- 퍼터의 로프트와 구르기의 비교
- 어드레스
- 퍼팅라인 읽기
- 연습 방법
- SAM Putt을 이용한 퍼팅 핵심 포인트

Lesson 01

골프 스윙의 기본

정확하고 안정된 준비자세
그립을 잡는 방법
그립
그립의 위치
그립을 취하는 힘의 배분
정확한 스탠스와 볼의 위치
준비자세의 완결 ①
준비자세의 완결 ②
정확하고 유연한 포스춰
포스춰를 취하는 순서
정확한 얼라이먼트
에이밍(방향잡기)의 순서

정확하고 안정된 준비자세 SET-UP

골프는 98%의 셋업과 2%의 스윙이라는 말이 있다. 대부분의 미스샷은 준비자세에서 볼에 어드레스할 때, 즉 스윙을 하기 전에 시작된다. 일류 선수들의 연습을 보면 스윙보다는 정확한 셋업에 더 많은 노력을 기울인다. 이제부터는 연습장에서 볼을 칠 때 매번 셋업을 다시 취하는 습관을 길러야 한다.

GSPAB(Grip, Stance, Posture, Alignment, Ball Position)

그립(grip), 스탠스(stance), 포스춰(posture), 얼라이먼트(alignment), 볼의 위치(ball position) 등 다섯 가지는 정확한 셋업을 위한 필수요소이다. 이것만 정확히 이해하고 실전에 응용한다면 반드시 멋진 싱글 골퍼가 될 것이다.

그립을 잡는 방법 GRIP

02

정확한 그립은 어드레스 때 취했던 그립의 모양이 임팩트 때에도 계속 유지된다. 볼이 원하는 방향으로 가지 않는다면 가장 먼저 자신의 그립부터 점검해야 한다.

> 그립에 오른손을 가져다 댈 때는 왼손 엄지(thumb finger)와 생명선을 맞추는 것이 포인트이다.

1 오른손으로 그립 끝부분을 잡고 왼손으로 클럽 손잡이를 손바닥 밑 두툼한 부분에서부터 비스듬히 검지(index finger) 사이에 걸치도록 한다. 그립에 오른손을 가져다 댈 때는 왼손 엄지(thumb finger)와 생명선을 맞추는 것이 포인트이다. 이런 상태에서 헤드를 지면에서 들어 올려도 클럽이 흔들리거나 떨어지지 않는 것이 좋다.

2 왼손 엄지를 손잡이의 중앙선보다 약간 오른쪽에 놓고 검지와 함께 손잡이를 가볍게 눌러 잡는다. 이렇게 하면 백스윙 시 클럽(club)을 컨트롤(control)하기가 쉽다. 왼손의 검지와 엄지 사이에 V자형이 만들어진다. 왼손 손등이 살짝 위쪽을 향하도록 쥐고, 왼손 엄지를 검지에 밀착시켜 V자 모양을 만든다. 왼손 끝의 두 손가락은 50~60% 정도의 악력으로 그립의 오른쪽 측면을 감싼다. 이렇게 하면 백스윙 톱에서 그립을 놓지 않고 일관성 있게 그립할 수 있다.

> 오른손 마지막 손가락 소지는 왼손 검지와 가운데 중지 사이의 갈라진 틈에 겹치도록 위치하고 약지와 중지로 그립의 왼쪽 측면을 감싼다.

3 오른손은 손가락만으로 그립한다. 소지(little finger)는 왼손 검지와 가운데 중지(middle finger) 사이의 갈라진 틈(cleft)에 겹치도록 위치하고, 엄지와 검지가 서로 닿을 듯 말 듯 손잡이를 가볍게 쥔다. 마치 자동차의 핸들을 잡았다고 생각하면 된다. 오른손 약지와 중지로 그립의 왼쪽 측면을 감싼다.

4 오른손으로 클럽을 잡을 때 오른쪽 어깨가 왼쪽 어깨보다 낮아지게 된다. 이는 완벽한 어드레스 자세를 취할 때 머리(head)와 몸(body)을 정렬시키는 데 중요한 요인이다.
왼손 손등의 두세 마디가 보이며 엄지는 오른손에 감춰져야 한다. 오른손 검지와 약지의 첫째 마디를 그립 옆부분에 가져가 대며, 오른손 손바닥 생명선을 왼손 엄지에 밀착시키고 그립한다. 역시 오른손의 엄지와 검지 사이에는 V자형이 만들어진다.
그립을 취한 다음 왼손 손등과 오른손 손바닥(palm)은 반드시 타겟(target)을 향하고 있어야 한다. 오른손은 엄지와 검지를 제외한 가운데 두 손가락의 힘(50~60%)으로 그립한다.

> " A good grip will always ensure that the back of your left hand and palm of your right hand face the target. "
>
> 좋은 그립은 왼손의 손등과 오른손 손바닥이 항상 타겟을 향해야 한다.

그립 GRIP

:: 체형 점검과 그에 따른 그립의 형태

그립은 잘못된 방법으로 굳어지면 좀처럼 바꾸기 힘들다. 처음부터 손의 모양이나 체형에 맞도록 그립을 취하는 것이 성공의 지름길이다. 엉덩이를 약간 뒤로 내밀고 무릎과 상체를 조금 굽힌 상태에서 양팔에 힘을 빼고 축 늘어뜨린다. 두손이 불편하다면 집중력이 떨어져 올바른 스윙을 할 수 없다. 결국 손이 편해야 모든 움직임이 편해지고 마음도 편해진다. 그립이 불안한 골퍼들은 그립의 형태, 특히 그립을 잡는 힘인 악력에 대한 정확한 점검이 필요하다.

:: 세 가지 경우 모두 왼손의 형태에 따라 결정된다

왼손의 V자 홈이 오른쪽 어깨와 턱 사이를 가리킨다.

스퀘어 그립(Square Grip) /
뉴트럴형(중성그립)

1. 가장 일반적인 모양으로 손등 마디가 두 마디 정도 보이도록 약간 덮는다. 이때 오른손 검지의 마디는 클럽 샤프트 옆면에 위치하게 된다. 양손의 V자 끝이 오른쪽 어깨와 턱 사이를 가리킨다.

> 양손이 오른쪽으로 돌아간다.
> V자 홈이 오른쪽 어깨보다 우측을 가리킨다.

스트롱 그립(Strong Grip) / 훅형

2 어깨와 팔에 근육이 발달된 골퍼는 손가락이 굵고 유연성이 떨어져 주로 스트롱 그립을 사용하며 손이 많이 덮인다. 양손의 V자 끝이 오른쪽 어깨보다 우측을 가리킨다. 스트롱 그립을 사용하는 골퍼가 다른 형태의 그립을 취하면 우측으로 휘는 구질이 날 확률이 높다. 그립 시 왼손의 V자 끝이 우측으로 이동하기 때문에 임팩트 직전 손목의 회전(rotation)양이 다른 그립보다 많아 임팩트 시 더 큰 파워를 만들 수 있다. 단, 다운스윙 시 체중이 이동되지 않으면 훅이 발생할 수 있다.

> 양손이 왼쪽으로 돌아간다.
> 양손의 V자 홈이 턱과 왼쪽 어깨 사이를 가리킨다.

위크 그립(Weak Grip) / 슬라이스형

3 키가 크고 마른 체형의 골퍼처럼 팔이 약한 체형의 골퍼가 주로 사용하며 손바닥이 마주 보게 된다. 양손의 V자 끝이 턱이나 턱보다 왼쪽을 가리킨다. 이런 체형의 골퍼가 다른 형태의 그립을 취하면 왼쪽으로 휘는 구질이 날 확률이 높다.

- V자 홈이 1cm 정도 시계방향으로 가도록 손을 돌려 강하게 그립을 잡으면 150YD에서 30YD나 왼쪽으로 휘게 할 수 있다.
- 그립이 강하고 약하고의 의미는 얼마나 빠르게 손목을 회전(rotation)할 수 있느냐의 정도에 따라 결정되는 것이지, 그립의 강도나 세기를 표현하는 말은 아니다.

그립의 위치 GRIP

:: 그립의 끝을 왼발 허벅지 안쪽에 둬라

긴 클럽을 사용할 때는 슬라이스가 나고 짧은 클럽을 사용할 때는 훅이 나지 않는가? 어프로치 샷을 할 경우에 볼이 뜨지 않아 고민하는가? 그립의 위치가 클럽과 스탠스의 넓이에 따라 서로 다르기 때문이다.

그립의 위치는 볼의 위치 또는 스탠스의 넓이에 관계없이 일정한 것이 좋다. 너무 왼쪽에 위치하면 로프트가 세워져서 볼의 탄도가 낮아지게 되고, 너무 오른쪽에 위치하면 볼이 너무 높게 뜰 가능성이 있다. 어드레스 시 왼발 허벅지 안쪽에 두는 것이 이상적이다. 단, 치핑(chipping) 샷의 경우 그립 위치는 왼발 허벅지 앞에 두고 그린 주변의 벙커 샷의 경우 왼발 허벅지 가운데 위치한다.

드라이버 샷

아이언 샷

치핑 샷

어떤 클럽이나 볼의 위치라도 그립의 위치는 일정해야 한다.
샷을 할 때 그립 끝은 항상 왼발 허벅지 안쪽에 위치한다. 어드레스 시 그립의 위치가 왼쪽 허벅지 위(바지의 주름선 위)나 밖으로 이동하면 백스윙을 시작하기 전에 상체가 오픈(open)되고 백스윙 시 손목의 코킹(cocking)을 빨리 하게 되어 팔에 의존하는 스윙을 하게 된다. 즉, 몸과 팔, 클럽의 일체감이 없어지게 된다.

그립을 취하는 힘의 배분 GRIP

그립(grip)을 취할 때 클럽을 잡은 손에 힘이 너무 많이 들어가면 스윙의 유연성이 떨어지고 팔과 손으로만 클럽을 휘두르기 때문에 안 된다. 손잡이를 꽉 쥐는 힘을 100이라 했을 때, 그립을 잡는 힘은 50~70 정도로 그립한다. 왼손 끝 두 손가락(약지와 소지)으로, 손가락의 힘이 부족한 사람은 끝 두 손가락과 가운데 중지를 합한 세 손가락의 힘으로 잡는다. 오른손은 엄지와 검지를 제외한 가운데 두 손가락을 50~60 정도의 악력으로 잡고 나머지 손가락은 20~30 정도의 악력으로 잡는 것이 좋다.

오버랩핑 그립(Overlapping Grip)

1. 고안자인 해리바든의 이름을 따서 해리바든 그립(Harry Vardon Grip)이라고도 한다. 오른손의 새끼손가락이 검지 위에 겹쳐지게 잡는 방법으로, 대부분의 골퍼들이 사용한다.

인터로킹 그립(Interlocking Grip)

2. 손이 작거나 손가락이 짧은 골퍼에게 적당한 방법이다. 왼손의 검지와 오른손의 소지를 서로 얽어서 꼬아 잡는다. 손의 힘이 부족한 여성 골퍼들이 많이 사용한다.

베이스볼 그립(Baseball Grip)

3. 손이 작은 성인이나 어린이 그리고 힘이 유난히 약한 여성이나 노인에게 적합한 방법이다. 손바닥이 서로 마주 보는 형으로, 야구 배트를 쥘 때와 같이 열 손가락 모두 손잡이를 잡는 방법이다. 베이스볼 그립은 잡기 편한 장점 때문에 어프로치나 왼쪽으로 하는 반대스윙 연습 시 이용할 수 있다.

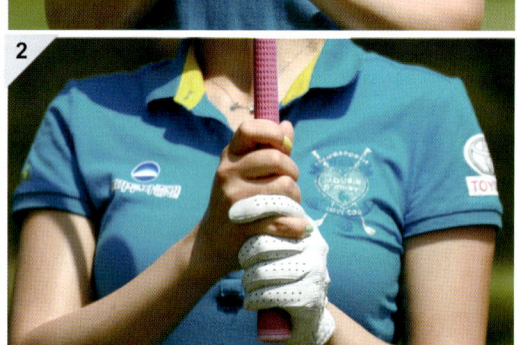
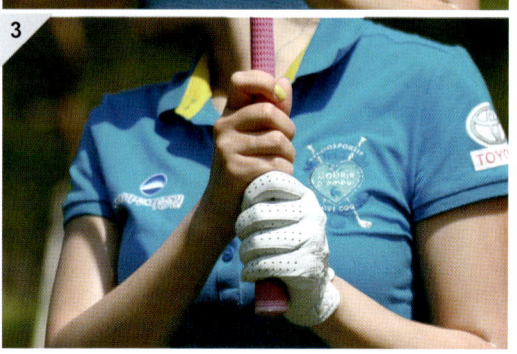

Lesson 01 골프스윙의 기본

:: 그립의 악력 연습과 실내에서 할 수 있는 연습 방법

A4 용지를 말아서 그립(악력) 연습하기

1 그립에서 가장 중요한 악력은 손가락마다 다르지만 열 손가락을 모두 사용하여야 한다. 또한, 일부 손가락에 지나친 힘이 들어가 말려 있는 종이가 구겨지게 되면, 팔목, 팔꿈치, 어깨의 긴장을 유발시켜 어드레스 시 불필요한 힘으로 그립을 하게 되고 스윙의 과정 중 클럽페이스의 변형을 가져오는 오류를 범하게 된다. 좋은 그립은 그립한 후 잡았던 A4 용지가 구겨지지 않고 말려 있는 형태가 그대로 유지되는 것이다. 이는 본인 그립의 악력을 체크하는 가장 좋은 방법이다. TV를 시청하거나 신문이나 독서를 하면서 실내에서 쉽게 연습할 수 있다.

30cm 자를 이용한 그립 연습하기

2 30cm 자를 가지고 그립을 잡으려면 자의 날카로운 면이 손가락 마디 사이에 방해를 주기 때문에 어색하고 불편하다. 이때 오른손 검지를 목표 방향으로 위치하고 오른손과 왼손의 둘째 마디 중간부분에 자를 놓고 그립을 취한다. 그립 시 주로 사용하는 왼손의 끝 두세 손가락과 오른손의 가운데 두 손가락 외에 다른 손가락도 그립하면서 서로 역할을 해야 손가락 전체로 그립하여 좋은 그립을 만들 수 있다. 자를 이용한 그립연습 방법은 견고한 그립을 유지하는 데 많은 도움을 줄 수 있고, TV를 시청하거나 신문을 보면서 쉽게 연습할 수 있다.

정확한 스탠스와 볼의 위치

∷ 스탠스

자연스럽고 정확한 그립을 취했으면 다음에는 스윙을 위한 자세를 취해야 한다.

① 가장 적절한 스탠스의 폭은 양발 사이 거리가 어깨 넓이와 같도록 하는 것이다 (미들아이언 기준).
② 스탠스의 폭은 안정성을 확보할 수 있는 만큼 넓고, 운동성을 원활히 높일 수 있는 만큼의 간격을 유지해야 한다.
③ 클럽이 길고 스윙이 클수록 스탠스는 넓어야 하고, 반대의 경우는 좁아야 한다.
④ 양발의 발끝은 약간 벌려주되, 오른발보다 왼발을 조금 더 벌려준다.

연습장에서 연습 시 발을 고정시키고 볼을 놓지 말고, 볼을 먼저 놓은 후 스탠스를 취하라.

스탠스가 변하면 볼의 위치도 바뀌게 되어 자신도 모르게 잘못된 볼의 위치로 인해 미스샷을 하게 된다. 달라진 스탠스로 인해 스윙궤도(swing path)가 변하여 얼라이먼트(alignment)가 잘못되기 때문에 연습장에서 연습 시 발을 고정시킨 다음 볼을 놓지 말고, 볼을 먼저 놓은 후 스탠스를 취하는 습관을 가져라.

양발의 발끝을 조금 오픈하면 백스윙 시 오른쪽 회전을 원활하고 쉽게 해주고, 다운스윙 시 하체의 적절한 회전을 원활하게 해준다.

Lesson 01 골프스윙의 기본

스퀘어 스탠스

1. 클럽페이스(club face)가 목표선과 직각을 이루도록 하고 기차 레일처럼 스탠스와 양무릎, 양어깨, 양쪽 눈까지 평행이 되도록 자세를 취하는 방법(목표를 향해 볼을 똑바로 보내려는 방법)

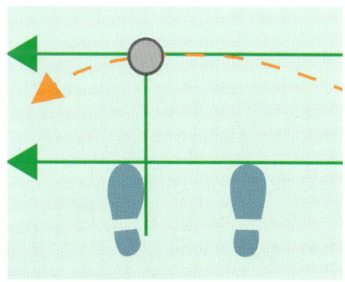

스윙궤도는 인사이드 인의 궤도로 되어 스트레이트볼을 구사하게 된다.

크로스 스탠스

2. 클럽페이스(club face)는 목표선과 직각을 이루도록 한다. 스탠스를 비롯한 몸을 목표선보다 오른쪽 방향으로 자세를 취하는 방법(구질을 오른쪽에서 왼쪽으로 휘어지게 하여 목표로 보내는 방법 - 드로우)

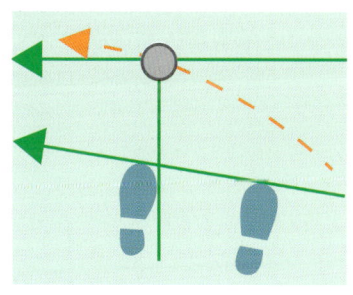

볼에 대해 왼발보다 오른발이 뒤로 물러나 있는 상태이며 스윙궤도는 인사이드 아웃이 되어 드로우를 구사할 때 사용한다.

오픈 스탠스

3. 클럽페이스(club face)는 목표선과 직각을 이루도록 한다. 스탠스를 비롯한 몸은 목표보다 왼쪽 방향으로 자세를 취하는 방법(구질을 왼쪽에서 오른쪽으로 휘어지게 하여 목표로 보내려는 방법 - 페이드)

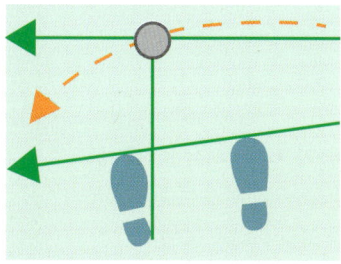

볼에 대해 오른발보다 왼발이 뒤로 물러나 있는 상태이며 스윙궤도는 아웃사이드 인의 페이드 샷을 구사한다.

:: 볼의 위치

아무리 좋은 스윙을 해도 볼의 위치가 올바르지 않으면 볼의 방향이 바뀌게 된다. 스윙 시 클럽헤드의 스피드가 최고가 되는 지점이 볼의 위치가 된다. 대부분의 선수들은 클럽의 길이에 따라 볼의 위치를 변화시키지만, 일부 아마추어 골퍼나 선수들은 클럽의 길이에 관계없이 볼의 위치를 왼발 뒤꿈치나 스탠스의 가운데에 위치시킨다.

숏아이언이나 미들아이언은 그립한 손이 볼보다 앞에 놓이고, 롱아이언이나 우드의 경우 그립한 손이 볼보다 뒤에 위치한다.

클럽의 길이에 따라 다르다.

1 7번 아이언으로 어드레스했을 때 볼은 스탠스의 가운데 위치한다. 클럽이 길수록 왼발 쪽으로 움직이고, 클럽이 짧아질수록 오른발 쪽에 위치한다. 단, 그립의 끝은 왼발 허벅지 안쪽에 위치해야 한다. 클럽의 길이에 따라 스탠스의 폭이 다르기 때문에 그립의 위치가 변하는 것은 아니다.

왼발을 기준으로 항상 일정한 위치에 볼을 놓으며, 긴 클럽일수록 오른발을 넓게 움직이면서 스탠스의 넓이와 볼의 위치를 정한다.

항상 일정하다.

2 어떤 클럽이든 왼발을 기준으로 해서 일정한 위치에 볼을 놓으며, 긴 클럽일수록 오른발을 넓게 움직이면서 스탠스의 넓이와 볼의 위치를 정한다.

체형에 따른 볼의 위치

볼의 위치는 ①, ② 의 경우에서도 개인의 신체적 특성에 따라 달라질 수도 있다. 다운스윙 시 마르고 큰 키의 골퍼는 하체부터 다운스윙을 시작해야 하며, 큰 키로 인해 볼에 접근하는 시간이 다른 체형보다 오래 걸리기 때문에 약간 왼쪽에 위치한다. 보통 체격이나 상체 근육형의 골퍼는 다운스윙 시 큰 키의 골퍼보다 볼에 접근하는 시간이 짧기 때문에 큰 키의 골퍼보다 오른쪽에 위치한다. 볼의 위치를 각 클럽에 맞는 위치보다 너무 오른발에 가깝게 하면 임팩트(impact)때 클럽이 타깃 안쪽(inside)에서 바깥쪽(outside)으로 가게되어 훅 샷의 원인이 되며 볼의 위치를 너무 왼발에 가깝게 하면 스윙궤도를 바깥에서 안쪽(out-to-in)으로 만들어 슬라이스(slice)샷의 원인이 될 수 있다. 따라서 볼의 위치를 결정하는 것은 신체적 특성, 유연성을 포함한 체력적인 특성을 고려하여 결정해야 한다. 체형에 따른 볼의 위치는 아래와 같다.

▶▶ 체형에 따른 볼의 위치

체 형	샷의 종류	볼의 위치
마르고 큰 키	드라이버	왼쪽 어깨
	롱 아이언	왼쪽 눈
	숏 아이언	왼쪽 가슴 앞
보통 체격	드라이버	왼발 앞
	롱 아이언	왼발 안쪽
	숏 아이언	이마 앞
상체 근육형	드라이버	스탠스 중간
	롱 아이언	오른발 안쪽
	숏 아이언	오른발 앞

준비자세의 완결 ① SET-UP

오른손이 왼손보다 손잡이 아래쪽을 잡고 있으므로 오른쪽 어깨가 왼쪽 어깨보다 낮아진다.

손은 클럽과 왼쪽 어깨의 직선상에 놓인다. 왼쪽어깨가 오른쪽보다 너무 높지 않게 한다.

두 무릎은 앞쪽이나 약간 밖으로 밀어주어 하체를 강하게 지지할 수 있도록 한다.

양 팔꿈치는 배꼽쪽을 향하고 양팔은 가급적 당겨 모은다. 그리고 왼팔은 곧게 펴서 어깨부터 헤드까지 일직선을 이루게 한다.

양 발부리는 가볍게 벌려 주되 왼발부리를 조금 더 벌려 준다.

더 긴 클럽을 사용할 때는 체중이 오른쪽으로, 더 짧은 클럽을 사용할 때는 체중이 왼쪽으로 치우치도록 한다. 미들 아이언을 사용할 때 체중이 좌, 우 사이에 고르게 분산되도록 한다.

Lesson 01 골프스윙의 기본

볼을 주시하되 어깨가 쉽고 빠르게 회전할 수 있도록 머리를 들고 턱을 당긴다. 볼을 볼 때 머리가 떨어지지 않도록 눈으로 지그시 내려본다.

등을 곧게 펴되 힘을 빼고 허리에 무게 중심을 둔다. 히프가 등의 라인보다 뒤쪽으로 나오지 않아야 한다.

어깨에서 팔을 편안히 내렸을 때 수직으로 떨어지게 하고 몸과 양팔 사이에 공간을 둔다.

엉덩이 끝으로 높이가 있는 의자에 걸터앉듯이 뒤로 하며 내려준다.

어깨부터 그립 끝, 발등까지 수직선상에 놓이도록 한다.

발목에서 무릎까지의 수직선이 하체에 탄력을 준다.

25

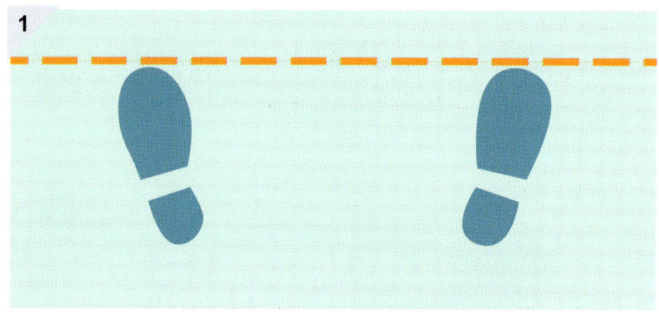

1 보통 체형이나 키가 작고 상체 근육이 발달한 골퍼의 왼발, 오른발 벌림 모양

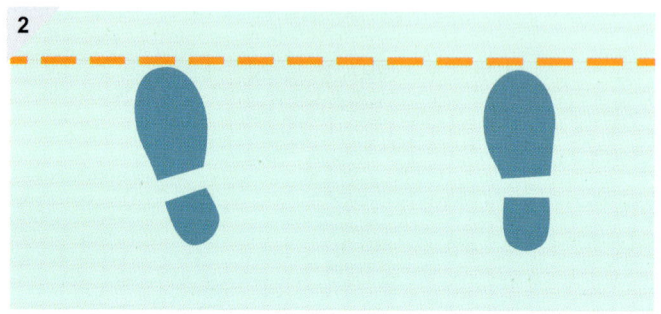

2 키가 크고 마른 체형 골퍼의 왼발, 오른발 벌림 모양

체형, 스윙에 따라 발을 다르게 벌려야 올바른 스윙을 만들 수 있다.

키가 크고 마른 체형의 골퍼인 경우, 왼발을 벌리는 모양은 다운스윙에 많은 영향을 미친다. 이러한 체형을 가진 사람은 백스윙 때 클럽을 길게, 높이 들어 올리는 특징 때문에 다운스윙에서 클럽 헤드가 임팩트에 다다르는 시간이 다른 체형의 사람보다 길어진다. 그래서 왼발을 벌리면 벌릴수록 좌측 벽이 늦게 형성되어 클럽 헤드가 임팩트에 다다르는 시간을 지연시켜 주며 릴리스를 늦추어 주게 된다. 키가 작고 가슴이 넓고 뚱뚱하여 유연성이 떨어지는 사람은 어깨와 히프의 턴을 위해서 반드시 오른발을 나팔 모양으로 벌려 놓아야 한다. 왼발 역시 적절하게 나팔 모양으로 벌려야 한다.

준비자세의 완결 ② SET-UP

골퍼는 좋은 스탠스(stance)와 포스춰(posture)를 취할 때 완벽하게 균형잡힌 스윙을 할 수 있다. 이러한 순간에만 골퍼의 다리(legs), 팔(arms) 그리고 몸(body)이 서로 협응하여 각자의 역할을 정확하게 수행할 수 있다.

1 상체는 약간 오른쪽으로 기울려 역동적인 자세를 취한다. 왼팔이 가슴을 질러 45도 정도로 백스윙할 수 있을 때까지 상체를 숙여 주는 정도로 조정하는 것이 요령이다.
스탠스(stance)를 취할 때 양발의 발바닥으로 체중을 지면에 전달하여 스윙 시 몸에서 만들어지는 힘(body force)이 분산되지 않도록 한다. 이러한 자세를 취해야 역동적인 스윙의 과정 중에도 하체의 균형이 무너지지 않고 유지할 수 있다.

2 양팔은 서로 조이며 삼각형을 만든다. 상체 근육이 발달한 사람은 두 팔을 가슴 중앙에 모아 어드레스해야 한다. 팔이 몸통 옆구리 쪽에 있게 되면 테이크 어웨이를 아웃사이드(outside)로 시작하게 된다. 무릎을 약간 바깥쪽으로 밀어주어 하체를 견고하게 한다. 상체를 숙여서 만들어진 척추의 각만큼 적절하게 무릎도 구부려 주어야 한다.

정확하고 유연한 포스쳐 POSTURE

포스쳐(posture)는 스윙을 하는 데 있어서 유연하고도 정확하게 움직일 수 있게 해주는 준비자세이다.

① 클럽과 척추가 직각에 가깝게 교차할 때 가장 이상적인 파워가 나온다.
② 사진처럼 팔과 클럽 사이에 약간의 각을 이룰 때 손목 사용이 최소화되면서 강력한 샷이 구사된다.
③ 왼팔과 클럽이 일직선상에 놓일 때 정확한 방향이 보장된다.
④ 척추와 머리는 가급적 직선을 이루어야 몸통 회전이 쉬워진다.

1 발뒤꿈치 뒤로 엉덩이가 나오고 발끝 앞으로 머리와 손이 나오게 된다. 어드레스 때 만들어진 각도를 그대로 유지하지 못하고 몸을 일으키면 토핑(topping)이 나기 쉽고, 반대로 숙이면 뒷땅이 나오거나 찍어치는 샷이 나온다.

2 오른팔은 약간 구부러지며 팔꿈치가 배꼽을 향하도록 한다. 어드레스 때 몸을 숙인 각도를 백스윙 – 다운스윙 – 임팩트까지 유지한다면 힘 있는 직선 타구를 날릴 수 있다. 백스윙 또는 다운스윙 중 몸의 각도가 변하면 볼과 눈 사이의 거리는 그만큼 멀어지거나 가까워지고 동작에 혼란을 가져오게 되어 손목을 사용하여 해결하려는 잘못된 동작을 유발하게 된다.

> " With your posture complete check that your weight is slightly backwards of centre. "
> 플레이어가 포스쳐 자세를 취하면서 체중이 발 중심의 약간 뒤쪽에 실리는지 확인한다.

포스춰를 취하는 순서 POSTURE

포스춰를 취하는 순서를 잘 익히면 자세를 스스로 점검하는 습관을 들일 수 있고, 잘 쳐야 한다는 부담에서 벗어나 리듬감 있는 스윙을 할 수 있다.

① 똑바로 서서 그립과 스탠스를 취한 후 앞을 주시하며 클럽을 약간 든다.
② 다리를 편 채 엉덩이를 약간 뒤로 뺀다. 이때 스스로 균형을 잡기 위해 상체는 앞으로 굽어지고 자연스럽게 클럽이 지면에 닿게 된다. 동시에 고개를 숙이지 않아도 볼을 볼 수 있게 된다.
③ 다리를 굽히되 무릎이 앞으로 튀어나오지 않게 하며 엉덩이 끝으로 의자에 걸터앉듯 높이와 무게 중심을 낮춘다.
④ ③까지 자세를 취했으면 양팔에 긴장을 유발할 정도로 너무 오래 기다리지 말고 준비자세가 끝난 후 하나, 둘 타이밍에 스타트한다.

정확한 얼라이먼트 ALIGNMENT

정확한 얼라이먼트(alignment)란 어드레스 시 몸을 목표 방향과 평행이 되게 일치시키는 것을 말한다. 얼라이먼트는 스윙궤도(swing path)와 스윙플랜(swing plane)을 결정하여 볼이 날아가는 방향과 휘어지는 구질을 결정한다. 에임(aim)을 잘못하면 불규칙적인 스윙플랜과 스윙궤도를 만들게 되어 일정한 샷을 구사할 수 없게 된다. 연습장에서는 볼이 잘 날아가는 것 같은데 실제 골프코스에서는 임팩트(impact)가 견고하지 않고 보내고자 하는 방향대로 가지 않는다면 이 원인은 타깃과 몸을 정렬하는 얼라이먼트에 문제가 있기 때문이다.

잘못된 에임을 하는 원인에는 기술적인 것도 있겠지만, 사람마다 차이가 있는 주시(eye dominance)도 중요한 원인이 된다. 주시란 본인이 눈으로 목표와 평행하게 정렬하였으나 한쪽 눈을 주로 사용하기 때문에 발생한다. 우측 눈 주시의 경우 오른쪽 눈을 주로 사용하여 목표를 보기 때문에 목표의 우측으로 정렬하여 그린의 우측으로 볼이 날아가게 되는 현상이다. 좌측 눈 주시는 목표의 왼쪽으로 습관적으로 정렬하므로 그린의 왼쪽으로 볼이 날아가게 된다.

∷ 체형에 맞는 에임 방법

보통 체형을 가진 사람은 타깃 방향과 몸을 평행하게 만드는 과정에서 히프와 어깨를 타깃 방향과 평행하게 하는 것이 중요하다. 어드레스 때 히프를 오픈하거나 클로우즈하면 백스윙에서 히프의 회전이 너무 적게 일어나거나 너무 많이 회전된다. 그래서 임팩트 시점에 히프가 너무 많이 목표의 왼쪽으로 열려 있게 되거나 히프가 임팩트 시점에 미처 턴이 되지 못하는 현상이 일어나게 된다. 어드레스 때 히프를 타깃 방향에 평행하게 해야만 백스윙과 다운스윙 때 히프 턴을 적절하게 조절할 수 있다. 어깨를 오픈하면 다운스윙 시 궤도가 바깥쪽에서 안쪽으로 이동되고, 어깨를 닫으면 다운스윙 시 지나치게 안쪽에서 바깥쪽으로 이동되기 쉽다.

팔이 길고 키가 크며 마른 체형을 가진 사람은 어깨와 무릎, 양 엄지발가락을 타깃에 평행하게 정렬해야 한다. 하지만 히프는 타깃 라인의 오른쪽으로 향하게 하여 약간 클로우즈시켜야 한다. 이때 클럽페이스는 어깨와 양 발가락 선에는 직각을 이루게 되나 히프와 발뒤꿈치 선에는 약간 클로우즈된다.

상체가 뚱뚱하며 근육의 힘을 이용하는 골퍼의 경우 우선 클럽페이스를 타깃에 직각으로 하고 몸을 타깃에 평행하게 해놓은 다음, 클럽페이스는 타깃 방향에 직각으로 그대로 유지하면서 오른발을 왼발보다 조금 뒤쪽으로 빼서 타깃 라인에 클로우즈시키고, 히프와 어깨도 약간씩 클로우즈시켜 몸을 정렬해야 한다.

에이밍(방향잡기)의 순서 AIMING

샷을 하기 전에 볼이 놓여 있는 상황(lie), 목표까지의 거리, 지형, 장애물 등 모든 조건을 세심하게 살펴야 한다. 그 다음에는 샷이 멋지게 구사되어 볼이 시원하게 목표를 향해 날아가는 상상을 한다. 평소에 방향을 잡는 데 필요한 절차와 요령을 습관화하는 것이 중요하다.

특히, 주시(eye dominance)가 심한 사람은 다음과 같은 순서를 반드시 지켜야 샷을 하는 동안 스윙궤도와 스윙플랜을 유지할 수 있다.

1 볼 뒤에서 목표를 바라보며 클럽페이스(club face)를 정확히 조절하기 위해서 목표지점과의 직선상, 볼의 전면 50cm 내외 지점에 제2의 목표점을 설정한다.

2 **목표지점** : 클럽페이스(club face)와 제2의 목표점을 번갈아 보면서 클럽페이스(club face)의 방향을 잡는다. 체중을 쉽게 이동시키고 균형을 유지하면서 회전할 수 있도록 몸으로 클럽과 볼을 감싸는 듯한 자세를 취한다. 클럽을 볼 뒤에 위치할 때 볼과 스탠스 사이에 정확한 거리가 유지되도록 한다.

Lesson 01 골프스윙의 기본

3 그립을 취하고 팔을 앞으로 내민다. 오른발을 앞으로 내밀어 몸을 기울여서 클럽을 볼 뒤에 위치시키도록 한다. 하체의 힘을 빼고 호흡을 통해서 긴장을 완화시킨다. 클럽의 밑바닥 선이 제2의 목표선과 직각을 이루도록 타구면을 볼에 맞춘다. 주시가 심한 경우 볼의 전면 50cm 내외의 목표선과 볼 뒤의 직선상에 50cm 뒤에 또 하나의 목표점을 설정한다. 즉 볼 뒤의 목표선, 볼, 볼 앞의 목표선을 일직선으로 정렬하면 얼라이먼트에 많은 도움이 될 수 있다.

4 목표를 향한 타구면의 목표선과 평행이 되도록 스탠스를 취한 후 몸 전체의 얼라이먼트를 맞춘다.

Lesson 02

어드레스에서 피니시까지

고정관념을 버리면 골프가 보인다
1단계 : 어드레스
2단계 : 테이크 어웨이
3단계 : 하프백스윙
4단계 : 백스윙 톱
5단계 : 다운스윙
6단계 : 임팩트 직전
7단계 : 임팩트
8단계 : 임팩트 직후
9단계 : 팔로우스루
10단계 : 피니시
9가지 볼의 구질

고정관념을 버리면 골프가 보인다

골프현장에서 레슨 시 가장 어려운 점은 골퍼가 지금까지 습관적으로 형성한 스윙에 대한 잘못된 오류에 대하여 쉽게 고치려 하지 않는다는 것이다. 스윙을 고치면 라운딩에 문제가 생기고 새롭게 시도하는 것에 대한 두려움, 반감 등이 작용하여 플레이어 입장에서 본인 스윙에 대하여 스스로 합리화하는 일이 자주 발생한다. 이는 잘못된 "고정관념"으로 골프에 대한 정확한 이해와 즐거움을 방해하고 건강에 해로운 골프를 하게 되어 궁극적으로 골퍼를 빠져나올 수 없는 "블랙 홀(black hole)"로 끌어들여 잘못된 골프인생을 살게 하는 원인이 된다.

단계별 스윙에 대한 이해에 앞서 고정관념에 대한 몇가지 사례를 점검하여 원인과 연습방법을 제시함으로써 골퍼가 정확하고 편안한 방법으로 골프실력을 향상시키고 불필요한 시행착오를 줄여서 골프로 인한 행복한 삶을 살아갈 수 있도록 안내하고자한다.

백스윙 시 팔꿈치를 몸에 붙이라는 말..

백스윙 시 팔꿈치를 몸에 붙이면 다음과 같은 오류를 범하게 된다.

① 백스윙 시 스윙궤도가 인사이드(inside)로 형성되거나 신체적 특성에 관계없이 플랫(flat)한 스윙궤도를 형성하게 된다. 이 때문에 다운스윙 시 인사이드(inside)에서 아웃사이드(outside)로 스윙하게 되어 푸시(push)샷, 임팩트 시 손목을 사용할 경우 심한 훅(hook)샷을 유발할 수 있다(사진 ❶).

② 오른 팔꿈치를 몸에 붙이면 백스윙 시 벽을 형성하여 브레이크가 채워진 것처럼 왼쪽 어깨의 회전을 방해한다. 결국 백스윙 시 왼쪽 어깨는 회전되지 않고 밑으로 떨어지게 되어 팔로만 하는 스윙을 구사하게 된다(사진 ❷).

잘못된 고정관념(백스윙)

1 백스윙 시 팔꿈치를 몸에 붙임

2 백스윙 시 하체(골반) 고정

역 피봇 현상(reverse pivot) : 백스윙

③ 백스윙 시 왼쪽 어깨의 회전이 안되면 파워(power)가 부족하고 체중이 이동 되지 않기 때문에 하프백스윙(half backswing) – 백스윙 톱(top)으로 진행되면서 체중이동의 반대 방향인 왼쪽으로 이동하게 된다. 이때 두 가지 오류가 발생한다. 첫 번째 오류는 과도한 오버스윙(over swing)이고, 두 번째 오류는 체중이동을 반대로 하게 되는 것이다. 이 동작은 골프스윙의 잘못된 동작 중 가장 고치기 어려운 "역 피봇 현상(reverse pivot)"이라고 한다(사진 ❸, ❹).

> 교정방법

① 어드레스를 점검한다.

어드레스 시 오른쪽 팔꿈치는 배꼽방향으로 위치하나 하프백스윙(half backswing) – 백스윙 톱(top)으로 진행되면서 팔꿈치는 자연스럽게 몸에서 이격시키고 겨드랑이 안쪽이 몸통과 가볍게 일체 되는 느낌으로 스윙한다.

② 스윙이 진행되면서 체중이 왼쪽에서 오른쪽으로 완전히 이동될 수 있도록 한다. 어드레스에서 머리의 위치는 하프백스윙 단계부터 오른쪽으로 약간 이동되는 것이 체중이동과 몸의 회전에 많은 도움이 된다. 이동된 머리의 위치는 하체가 균형을 잘 유지한다면 임팩트(impact)단계에서 어드레스 때의 위치로 돌아오게 된다.

임팩트(impact) 후 볼을 끝까지 봄...

임팩트 후 볼을 끝까지 보게 되면 임팩트 후에 오른쪽 어깨의 회전을 방해하여 스윙의 1/4을 생략하게 되어 파워(power)가 손실됨으로 비거리 감소와 슬라이스 샷의 원인이 된다.

교정방법

① 임팩트 후에는 시선을 타겟방향으로 돌린다.

② 임팩트 후에는 오른쪽 어깨를 수평방향으로 다이나믹(dynamic)하게 이동시킨다.

③ 피니시(finish)를 취한 다음 3초간 자세를 풀지 않고 기다린다.

임팩트

⁛ 획일적인 볼의 위치

획일적인 볼의 위치는 골프의 또 다른 고정관념으로 골프에 대한 개인차를 고려하지 않고 정확하지 않은 방법으로 플레이를 하게 되어 플레이어도 볼의 위치로 인한 실수를 잘 인지하지 못하게 된다. 미스샷을 할 경우 왜 실수하였는지 알지 못하는 경우는 이 이유에 해당한다.

교정방법

① 볼의 위치는 개인의 신체적 특성에 따라 달라질 수 있다(1장 p.23 참조).

② 볼의 위치를 결정하는 것은 유연성을 포함한 신체적 특성에 따른 개인차를 고려하여 결정해야 한다(1장 p.23 참조).

볼의 위치

비거리에 대한 고정관념

골퍼들의 플레이에 대한 핑계 중 하나인 '나이가 들면 비거리가 줄어든다.'는 말은 공감할 수 있는 말이지만 골퍼의 자기변명이나 합리화라 보여질 수도 있다. 다음과 같은 방법으로 비거리를 향상시킬 수 있다.

교정방법

① 효율적인 트레이닝을 통한 대근육(Large Muscle Activity)을 발달시킨다. 대근육을 이용한 스윙으로 비거리를 향상시킬 수 있다.

② 충돌계수(smash factor)를 높여서 비거리를 향상시킬 수 있다. 충돌계수는 볼스피드(ball speed)와 임팩트 시 클럽헤드 스피드(club head speed)속도의 비율을 말한다. 비거리를 향상시키려면 단순히 빠른 볼의 속도 외에 많은 변수가 작용한다. 장타를 위한 드라이버샷을 하려면 빠른 클럽헤드 스피드를 만들어야 함과 동시에 높은 충돌계수를 보여줘야 한다(p.164 참조).

③ 빈스윙 연습으로 비거리를 향상시킬 수 있다(p.126 참조).

이처럼 잘못된 고정관념은 골프에 대한 즐거움을 축소시키고 건강에 해로운 골프를 하게 되어 많은 부상의 원인이 된다. 이러한 현상이 반복되면 골프에 대한 매력이 상실되어 골프를 포기하는 중대한 원인이 된다. 우리의 삶도 비슷하다. 상대방에 대한 다름을 인정하지 않는 자기만의 고정관념으로 살아가다 보면 가족, 친구, 연인, 직장동료들로부터 소외되고 고독한 삶을 살아가게 되는 것도 비슷한 이유이다.

스윙교정의 노하우(knowhow)

#. 스윙교정은 순서대로 점검해야 해결할 수 있다.

만약, 백스윙 톱(top)의 스윙플랜(swing plane), 손목의 형태 등의 오류가 발생하여 교정하려면 어드레스 – 테이크어웨이 – 하프백스윙의 순서로 점검하면서 교정해야 플레이어가 쉽게 고칠 수 있다.

감기 환자 중 코감기 환자가 내과에 가기보다는 이비인후과 진료를 받는 것이 효율적이듯 백스윙톱의 문제점을 백스윙톱 단계에서 직접 교정하려고 하면 교정이 되지 않고 골퍼가 갈등하고 힘들어 하게 된다. 이는 골프스윙은 전 단계 동작의 연속적 영향으로 형성되기 때문이다.
스윙교정은 어드레스부터 순서대로 점검해야 해결할 수 있다.

1단계 : 어드레스 ADDRESS

어드레스란 스윙을 시작하기 직전, 즉 모든 준비자세가 끝난 후 스윙을 의식하여 백스윙을 시작하기 직전의 자세를 말한다. 클럽을 잡았으면 목표를 향해 공을 날릴 수 있도록 자세를 취해야 한다. 어드레스를 취할 때 가장 먼저 할 일은 클럽페이스(face)를 목표선에 직각으로 맞추는 일이다. 이때 주의할 점은 클럽페이스를 원래 클럽로프트 각도대로 자연스럽게 볼 뒤쪽에 정렬하는 것이다. 다음은 몸을 목표선과 나란히 정렬해야 한다. 양 발끝, 양 어깨, 히프, 팔뚝 그리고 양 손이 만들어 내는 평행선이 서로 어긋나지 않도록 한다.

1 몸의 균형을 잡은 다음 준비자세를 갖춘다. 머리를 숙이지 말고 고개를 들어서 자세를 취하고 눈으로만 볼을 본다. 스윙의 일관성과 적절한 리듬감을 유지하기 위해서 일정한 순서로 어드레스를 취하는 것이 좋다. 먼저 클럽을 가슴 높이로 올려 목표점을 확인하고 머릿속으로 공략법을 구상한다. 스탠스를 취하고 어깨의 힘을 뺀 후 편하게 선다. 등을 곧게 편 상태로 허리부터 상체를 앞으로 구부린다. 상체를 구부린 각도를 유지한 채 양쪽 겨드랑이 부분이 적절히 조이는 느낌이 들도록 양팔을 내리고 클럽헤드를 지면에 댄다. 마지막으로 양쪽 무릎을 가볍게 구부린다.

Lesson 02 어드레스에서 피니시까지

> 다리, 무릎, 발이 용수철처럼 탄력이 있어야 한다.

2 골반 부위를 약간 높은 의자에 걸터앉듯이 뒤로 빼면서 동시에 위로 올린다. 무릎은 약간 구부리고 팔을 수직으로 늘어뜨릴 수 있는 공간을 만들어 주고 하체를 고정시킨다. 이때 모든 체중의 하중을 지탱하고 있다는 느낌을 갖는다.

> 체중을 발바닥 가운데 오목한 부분과 엄지발가락 가운데의 도톰한 부분 중간쯤에 실어주도록 한다.

3 클럽페이스(club face)는 목표를 향하고 목표선을 따라 스윙을 한다는 개념을 갖는다. 체중은 발바닥 가운데 오목한 부분과 엄지발가락 가운데의 도톰한 부분 중간쯤에 실어주면 안정감 있게 고정되는 느낌이 만들어진다. 이 부위에 체중이 실리면 균형을 잘 유지할 수 있다.

정글에서 사자가 사냥을 할 때 먹잇감에 조심스럽게 접근한 후 공격하는 사냥의 준비자세도 골프의 어드레스와 비슷하다. 어드레스는 사자의 공격 전 포즈처럼 겉으로는 편안해 보이지만 역동적인 스윙을 소화할 수 있는 힘과 부드러움을 동시에 가진 느낌(feeling)이 있어야 좋은 어드레스(address)라 할 수 있다.

2단계 : 테이크 어웨이 TAKE AWAY

1 어깨로 백스윙을 시작하면 큰 근육을 움직일 수 있다. 클럽헤드가 오른발을 통과할 때까지 낮고 직선으로 시작하며, 테이크 어웨이 동작이 끝났을 때 손의 위치는 벨트보다 낮아야 한다.

> 와이셔츠를 입을 때 첫 번째 단추를 두 번째 단춧구멍에 잘못 끼워 입으려 하다가 잘못된 것을 알고 다시 입으려면 다시 처음부터 첫 번째 단추부터 올바로 끼워야 하듯이 골프스윙에서 테이크 어웨이(take away)는 와이셔츠 입을 때의 첫 번째 단추처럼 이 단계가 바르지 못하면 스윙의 다음 단계인 하프백스윙, 백스윙 톱의 동작이 잘못되는 매우 중요한 단계이다.

Lesson 02 어드레스에서 피니시까지

손은 안으로, 클럽헤드는 밖으로 향하는 느낌으로!

2   다리의 꼬임은 거의 없다. 하지만 일부러 잡아두려 하지 말아야 한다. 손목은 약간의 꺾임(코킹)에 의해 어드레스 때보다 더 꺾여 있다. 손은 안으로, 클럽헤드는 밖으로 향하는 느낌이다. 몸통회전은 직선운동을 곡선화시켜준다. 손의 위치는 벨트보다 낮게 한다.

그립 끝의 연장선은 복부(배꼽)를 가리킨다.

3   그립 끝의 임의의 연장선은 계속 복부(배꼽)를 가리킨다. 조금씩 오른발에 체중이 실린다.
백스윙 시 템포를 너무 느리게 하면 다음 동작인 다운스윙의 스타트가 자동적으로 빨라져 이러한 매직 무브는 일어나지 못하게 될 뿐 아니라 손목의 꺾임도 빨리 풀어지게 된다.

> 백스윙은 클럽과 상체가 어드레스 모양 그대로 유지한 채 한 동작으로 회전하여 상체가 축운동을 하면서 시작된다. 이러한 움직임은 골프에서 중요시하는 원피스 스윙(one piece swing)의 시작이다. 백스윙이 시작되면 손목만 약간 더 꺾어 클럽의 움직임이 활발해지는 느낌을 갖도록 한다. 일부러 팔을 뻗으려 하거나 올리면 안 된다. 테이크 어웨이를 지나 백스윙 톱으로 올라가면서 스피드를 내주어야 다운스윙의 스타트 때 자동적으로 부드러운 매직 무브(magic move)가 일어나게 된다.

> " Your upper arms should feel a light connection with your chest. "
> 팔 위쪽 부분이 몸통과 가볍게 밀착되도록 한다.

테이크 어웨이 단계별 연습

| 1단계 |

어드레스에서 오른발까지 약 20cm 스윙

이 단계는 스윙 중 가장 짧은 구간이지만 잘못된 손목의 사용과 몸의 움직임은 다음 단계의 동작에 치명적인 오류의 원인이 된다.

연습방법

① 클럽헤드가 오른발을 통과하기 전까지 바닥을 스치듯이 낮게 지나간다(사진 ❷).

② 이때 손목의 사용은 절대 금지한다.

손목을 조금만 움직여도 백스윙 톱(top)에서 플랫(flat)한 스윙궤도(swing path)를 형성하게 된다. 클럽헤드가 오른발을 통과하면서 손목의 사용으로 인사이드(inside)로 이동하기 때문이다.

| 2단계 |

① 양팔은 어드레스 위치에서 옆으로 똑바로 이동된다. 헤드는 손보다 약간 앞에 위치하든지 같은 선상에 있다. 클럽페이스는 약간 기울어져서 척추 기울기와 평행이 된다. 하체의 움직임은 제한하고 양팔을 릴렉스(relax)한 상태로 유지한다. 손목, 팔꿈치, 어깨, 무릎은 긴장하지 않고 자연스럽게 유지한다.

② 얼리 코킹(early cocking)에 의해 클럽은 지면과 평행이 된다. 양팔은 8시 방향을 가리킬 때 스윙을 멈춘다. 양 겨드랑이는 몸과 일체감 있게 하나로 움직인다(one piece swing). 개인의 신체적 능력에 따라 오른발을 열거나(open) 닫는다(close)(사진 ❸).

③ 백스윙을 하면서 그립이 오른발을 지나가는 순간 양팔이 8시 방향에서 백스윙을 멈춘다. 이때 3가지를 확인할 것. 즉,

① 클럽이 지면과 평행이 될 수 있게 약간의 코킹이 되어야 한다.
② 클럽의 페이스면이 약간 덮여 기울어진 채로, 기울어진 면과 평행이 되어야 한다.
③ 클럽헤드는 그립보다 앞에 위치하든지 같은 선상에 있어야 한다.

만일 손을 돌리거나 팔만 가지고 백스윙을 했다면 클럽페이스가 열리게 되어 척추와 평행이 안 되고 클럽헤드도 그립보다 뒤로 간다. 이렇게 되면 다운스윙 때 손을 돌리거나 팔로만 하게 되어 정확히 클럽페이스를 직각인 상태로 임팩트하기가 어렵다.

3단계 : 하프백스윙 HALF BACKSWING

　　신체의 모든 부분이 움직여 마침내 하나의 동작이 완성되는 단계이다. 백스윙 중에서는 가장 많은 점검과 의식적인 동작이 필요한 부분이다. 흔히 '왼팔을 펴야 거리를 낼 수 있다.'라는 말의 중압감에 왼 팔꿈치를 억지로 펴서 백스윙을 하려다 보면 어깨의 회전이라는 중요한 움직임을 상실하게 된다. 왼팔을 펴서 얻으려 했던 파워보다 왼쪽 어깨가 볼에서 오른쪽 방향으로 회전되지 않아 오히려 파워를 잃게 되는 경우가 생기므로 자신의 신체 조건에 맞게 적당히 적용하는 것이 중요하다.

> 하프스윙에서는 왼팔이 지면과 평행이 되게 한다. 그립의 끝이 볼의 오른쪽 선상을 가리키는 각도가 이상적이다.

1　왼팔과 직각으로 꺾임(코킹)이 완성된다. 머리는 계속 볼을 주시하되 이미 오른쪽으로 밀리듯 이동된 상태이다.
하프스윙에서는 왼팔이 지면과 평행이 되게 한다. 그립의 끝이 볼의 오른쪽 선상을 가리키는 각도가 이상적이다.
최소한 스탠스의 중심까지 왼쪽 어깨를 회전해야 한다. 이러한 몸의 회전 동작이 잘 되어야 백스윙 톱(top)에서 오버스윙(over swing)이 되지 않는다.

Lesson 02 어드레스에서 피니시까지

> 왼 무릎을 가능하면 늦게 스타트하여 버텨주면 파워를 극대화시킬 수 있다.

2 하체의 균형을 끝까지 유지한다. 개인의 능력에 따라 사진 ❷에서처럼 왼 무릎은 가능하면 늦게 스타트하여 버텨주면 몸에서 만들어지는 X-factor가 높아져 파워를 극대화시킬 수 있다. 가슴이 손과 함께 회전한다. 조금 가파르게 올라가며 몸통에서 벗어나지 않는다. 옆구리에 근접해 있으며 양 팔의 간격을 유지한다.

> 이 단계에서는 머리가 우측으로 너무 이동되지 않도록 골반을 회전해야 자연스러운 어깨 회전이 쉬워져 X-factor가 높아진다.

3 백스윙 시 상체가 90° 회전하게 되므로 등은 목표방향을 향하고, 가슴은 목표 반대방향을 향하게 된다.

- 하프백스윙 연습은 골퍼에게 거리측정의 기준이 된다. 예를 들어 샌드웨지 하프스윙으로 60YD를 공략한다면 50YD, 70YD는 스윙의 크기조절로 자연스럽게 적용할 수 있다. 피칭이나 미들아이언, 롱아이언 등 모든 클럽의 거리 조절도 하프스윙 연습으로 가능하다.
- 아이언 샷이나 드라이버 샷 모두 하프백스윙 단계를 지나 백스윙 톱으로 진행되므로 하프백스윙 연습은 이상적인 백스윙 톱을 완성하는 좋은 연습이다.
- 어드레스 시 그립을 취한 손목의 형태(열리거나 닫힌 형태)가 테이크 어웨이 단계를 지나 하프백스윙의 톱에서도 변형되지 않고 유지되어야 플레이어가 의도한 방향대로 볼을 보낼 수 있다.

왼팔과 클럽은 항상 직각이 되게 하라

문제점 백스윙을 하면서 스윙 아크(swing arc)를 크게 하려고 가급적 양팔을 길게 뻗어 클럽을 몸에서 멀리 보내거나 백스윙 톱에서 클럽헤드가 보일 정도로 오버스윙을 하는가? 스윙 크기에 비해 원하는 거리를 얻지 못한 경우가 많지 않은가? 팔로만 스윙을 하여 신체의 대근육(large muscle)을 이용하지 못하고 소근육(small muscle)만 이용하기 때문이다.

연습방법 하프스윙(half swing)을 한 채 동작을 멈춰 자세를 점검한다. 우선 하프스윙에서 어깨는 스탠스의 중간까지 회전하고 머리도 약간 오른쪽으로 이동한다. 이때 왼팔은 지면과 수평인 상태, 즉 9시 방향에 위치한다. 클럽은 이미 백스윙 시작부터 진행된 코킹에 의해 왼팔과 직각인 상태가 이루어져야 한다. 스퀘어 백스윙을 원한다면 오른팔이 펴지거나 팔꿈치가 옆구리에 붙어서는 안 된다. 스윙을 완성할 때도 하프스윙에서 왼쪽 어깨만 오른쪽으로 조금 더 밀어주는 연습을 통하여 몸통 스윙을 완성한다.

– 필 미켈슨(Phil mickelson)의 비밀병기 – "펠즈 8"

2013 US OPEN 중계 중 필 미켈슨과 그의 캐디 짐 맥케이가 "펠즈 8"이라고 의논하는 소리가 방송에 잡혔다. "8"은 8번 아이언을 의미하고 그의 스윙코치인 데이브 펠즈의 합성어이다. 백스윙은 오른팔이 그라운드와 수평이 되면 백스윙을 멈추는데 마치 시침이 3시(오른손 골퍼는 9시)를 가리키는 것처럼 보인다. 다운스윙은 평소와 같은 페이스로 남은 스윙을 마친다. 이 방법은 거리의 일관성이 놀랄 만큼 향상된다. 필은 1~2YD를 벗어나지 않게 연습한다.

4단계 : 백스윙 톱 BACKSWING TOP

백스윙의 끝이자 동시에 다운스윙의 시작점이다. 하프백스윙(half backswing)단계에서 어깨만 5cm정도 회전하고 팔의 움직임은 제한한다. 이 단계에서 머리는 약간 우측으로 이동해도 괜찮다. 그러나 머무르는 지점이 아님을 명심해야 한다. 백스윙과 다운스윙의 연결지점으로, 바른 동작을 위한 끊임없는 점검이 필요하다. 백스윙 톱에서 목표선 반대쪽으로 바라보면 클럽샤프트가 정확히 목표선을 가리켜야 하며 클럽은 정상적인 스윙플레인 안에 놓여야 한다.

몇 가지 점검 요인 중 어드레스에서 만들어진 손목의 모양(열리거나 닫힌 형태)이 백스윙 톱에서 그대로 유지되었는지 확인하는 것은 가장 중요하다.

1. 왼손 엄지는 그립의 밑에서 받쳐준다. 왼쪽 어깨는 여전히 턱 밑에 위치하며 최소한 오른발 안쪽 지점까지 회전한다. 어깨의 회전운동이 멈추면 팔의 움직임도 멈춘다. 이때 하체는 어깨의 회전을 위해 오른쪽으로 밀리는 스웨이(sway) 현상이 일어나지 않도록 한다. 백스윙 톱은 하프스윙을 연장한 것으로 5cm 정도만 왼쪽 어깨를 회전시키면 백스윙 톱이 된다. 양손을 오른쪽 귀보다 조금 높은 위치까지 들어올린다. 백스윙 톱에서 오른쪽 팔꿈치가 90°가 된다. 겨드랑이와 몸통의 각도도 90° 정도 되는 것이 백스윙 톱의 이상적인 형태이다.

> 오른팔의 윗부분과 아랫부분 사이 간격이 팔꿈치에서 'L'자를 이루도록 한다.

2 엉덩이는 옆으로 밀리지 않도록 하여 그 자리에서 회전한다. 백스윙 톱에서 클럽의 타구면은 왼팔의 기울기와 평행해진다. 왼팔은 여전히 펴져 있지만 가슴에 붙어 있다. 오른팔의 윗부분과 아랫부분 사이 간격이 팔꿈치에서 'L'자(90°)를 이루도록 한다. 이때 오른쪽 팔꿈치 끝은 지면을 향하며 몸 밖으로 벗어나지 않도록 한다.

> 어드레스에서 테이크 어웨이, 하프백스윙, 백스윙 톱으로 진행되면서 옆구리와 허벅지 간의 간격과 척추 기울기를 계속 유지한다.

3 옆구리와 허벅지 간의 간격과 척추 기울기(spine angle)는 계속 유지되어야 한다. 왼 무릎은 안쪽으로 진행되며 두 무릎 간의 간격이 유지된다. 척추 기울기에 따라 팔꿈치의 위치는 달라질 수 있지만 어떤 경우든 어드레스 자세 시 척추 기울기와 같아야 한다. 이 단계에서 백스윙 톱이 낮은지, 높은지를 체크할 수 있다.

백스윙 톱에서 반드시 지켜야 할 6가지

백스윙 톱에서 손목을 어느 정도 꺾어야 하는지, 팔꿈치는 어디를 향해야 하는지, 왼쪽 어깨는 어느 정도 회전되어야 되는지 등에 대한 정리가 되어 있는가? 백스윙 톱도 임팩트를 위한 또 하나의 어드레스라는 점을 인식해야 한다.

왼쪽 어깨가 오른발 안쪽까지 회전될 때 왼팔은 11~12시 사이, 클럽은 충분한 꺾임(코킹)에 의해 지면과 평행이 되어야 한다. 왼쪽 어깨는 턱 밑으로 회전하되 척추와 직각으로 회전한다. 어드레스 때에 만들어진 왼쪽 손목의 각도를 유지시켜 백스윙이 자연스럽게 올라갈 수 있도록 한다. 백스윙 톱에서 지켜야 할 사항은 다음과 같다.

① 왼쪽 어깨를 오른발 안쪽까지 회전하라.
② 어드레스 시 척추 기울기를 백스윙 톱에서도 유지한다.
③ 이 단계에서 오른쪽 어깨가 왼쪽보다 높아야 한다. 백스윙 톱에서 이 조건이 만들어져야 다운블로(downblow)샷이 가능하다.
④ 어드레스에서 만들어진 손목의 각(열리거나 닫힌 형태)이 백스윙 톱에서 그대로 유지되어야 한다.
⑤ 백스윙 톱에서 오른팔의 각도는 90°이며 팔꿈치는 지면을 향한다.
⑥ 어드레스 때 하체의 균형을 끝까지 유지한다. 오른쪽 무릎의 각이 무너지지 않고 버텨준다.

이보미 프로

조윤지 프로

이혜인 프로

올바른 백스윙 ① BACKSWING

팔이 아닌 몸통으로 회전하라

문제점 충분한 어깨 회전 없이 팔로만 백스윙을 하다 보면 오른팔이 겨드랑이에서 빨리 떨어지기 시작하면서 '스카이 엘보(sky elbow)'라는 미스샷의 원인이 된다. 문제는 이 같이 오른 팔꿈치가 들렸을 때 백스윙의 스윙 궤도가 정상적인 스윙 라인에 비해 앞으로 진행되는 레이오프(lay off : 손보다 샤프트가 밖으로 쳐지는 현상)가 되고, 어깨회전과 동시에 안쪽으로 빠져 샤프트와 지면이 평행을 이루는 하프 구간에서 '딥'(deep : 손보다 어깨가 더 많이 돌아간 것) 현상이 발생한다. 다운스윙에서도 앞에서 몸쪽으로 잡아당기게 되는 '아웃사이드 인(outside-in)'의 스윙 궤도가 발생된다. 백스윙 톱에서 샤프트가 머리 안쪽으로 들어오는 '크로스 오버(cross over)'로 이어져 슬라이스와 훅 등 각종 악성 구질을 발생하는 원인이 된다. 임팩트 이후에 양팔을 뻗어주지 못하고 왼팔이 급격히 구부러지는 현상도 바로 이 때문이다.

연습방법 타월이나 클럽헤드 커버를 양 겨드랑이에 끼거나 벨트를 착용하고 연습하면 효과적이다. 처음에는 거의 스윙을 할 수 없을 정도로 답답하지만 곧 익숙해지며 감이 올 때까지 타월을 빼지 않아야 한다. 대부분의 골퍼가 하체를 고정한 채 어깨 회전만으로 테이크 어웨이를 하는데 이렇게 되면 골반이 왼쪽으로 빠져 스웨이가 된다. 정답은 손도 아니고 어깨도 아닌 몸통 위주로 테이크 어웨이를 해야 한다. 그렇다고 어깨를 움직이지 않으려고 애쓸 필요는 없다. 어깨 움직임과 동시에 몸통이 회전해야 쉽고 간결한 스윙으로 연결 될 수 있다.

Lesson 02 어드레스에서 피니시까지

잘못된 스윙

1, 2 팔로 백스윙을 시작하면 양팔이 몸에서 분리되기 시작한다. 오른 팔꿈치가 들리면서 스윙 궤도가 몸 앞으로 진행한다.

교정된 스윙

3, 4 충분한 어깨 회전을 유도해주며 오른 팔꿈치가 든든한 받침대 역할을 한다. 오른팔을 축으로 왼팔과 어깨가 회전한다.

올바른 백스윙 ② BACKSWING

오른쪽 팔꿈치를 들지 말라

문제점 오른팔을 어떻게 쓰느냐에 따라 스피드와 스윙 궤도가 달라진다. 이것은 방향과 거리에 지대한 영향을 미친다는 뜻과 같다. 그만큼 골프스윙에서는 오른팔의 역할이 중요하다. 그렇다고 오른팔을 적극적으로 사용해야 하고 힘을 주어야 한다는 것은 아니다. 문제는 샷을 하는 동안에 자신의 오른팔이 어떠한 모습으로 스윙되는지를 보지 못한다는 것이다. 백스윙 시작 시 오른팔은 스윙 궤도의 중심점이기 때문에 오른팔의 역할이 잘못되면 스윙 궤도(swing path)와 스윙 플레인(swing plane)은 무너질 수 밖에 없다. 좋은 스윙을 만들기 위해서는 오른팔의 점검이 필수이다.

연습방법 오른팔은 백스윙을 하는 동안 왼팔과 몸통이 회전되고 클럽이 들어 올려질 수 있도록 축과 지렛대 같은 역할을 한다. 그러기 위해서 오른팔은 백스윙 하는 동안 서서히 접혀야 하고 팔꿈치가 들리지 않도록 지면을 향하면서 오른쪽 어깨의 힘이 빠져야 한다. 만일 그렇지 않고 오른팔이 펴지거나 팔꿈치가 심하게 흔들리면 회전력이 약해지는 만큼 오른팔과 어깨가 힘으로 나머지를 대신하려 하기 때문에 샷의 대부분이 팔로만 하는 스윙이 되어 왼쪽 어깨가 스탠스의 중앙까지도 이동되지 않는다.

간단한 연습 방법으로 앞에서 소개한 백스윙 시 타월이나 헤드커버를 오른쪽 겨드랑이에 끼우거나 양팔을 고정시키는 밴드를 이용하여 스윙하면 교정할 수 있다. 이때 주의할 점은 하프백스윙(왼팔과 지면이 평행한 단계) 이후 백스윙 톱으로 이동되면서 오른쪽 겨드랑이를 몸에 붙이면 스윙 아크는 작아지고 역 피봇 현상(reverse pivot)이 발생할 수 있으므로 하프백스윙 이후에는 오른쪽 팔꿈치를 몸에서 떨어뜨려야 한다.

Lesson 02 어드레스에서 피니시까지

> 오른쪽 팔꿈치는 운행 중인 자동차의 핸들과 같은 중요한 역할을 한다. 오른쪽 팔꿈치가 스윙 궤도를 이탈하면 핸들을 잡지 않고 가속하여 방향성을 잃어버리는 것과 같다.

오른팔이 들리는 백스윙

1. 오른쪽 팔꿈치가 들리면 그만큼 어깨 회전이 작아지고 스윙 궤도가 이탈한다.

> 오른쪽 팔꿈치가 들리지 않고 지면을 향하면서 어깨의 힘도 빼야 한다.

올바른 백스윙

2. 오른쪽 팔꿈치가 들리지 않고 지면을 향하면서(약 90°) 어깨의 힘도 빠져 있다.

오른쪽 팔꿈치가 지면을 향하고 있어야 백스윙이 완성되면서 몸통의 대근육(large muscle)을 효율적으로 이용할 수 있다.

:: 올바른 백스윙 ③ BACKSWING

왼쪽 히프(골반)를 목표 반대쪽으로 회전시켜라

문제점 하체를 최대한 고정시켜야 볼을 더 정확하게 맞힐 수 있다는 생각으로 연습하면 백스윙 시 어깨의 회전과 히프(골반)가 회전하는 것을 방해받는다. 이렇게 되면 하체를 움직이지 않고 지나치게 잡아두려 하여 체중이 백스윙 톱으로 이동되면서 역 피봇 현상(reverse pivot)이 발생하여 몸의 회전력을 저하시켜 백스윙이 짧아진다.

이런 현상을 교정하려면 히프를 목표 반대로(오른쪽 옆으로) 먼저 움직이고 그 다음 뒤로 돌리는 동작을 하면 회전이 훨씬 부드럽게 될 뿐 아니라 체중이동을 쉽게 도와준다. 하지만 이때 두 다리의 움직임이나 두 무릎의 움직임이 너무 많게 되면 골프에서 말하는 스웨이(sway) 현상이 발생하여 몸의 힘을 이용하는 효율적인 스윙을 할 수 없다.

연습방법 아이언을 거꾸로 잡고 헤드를 왼쪽 옆구리 벨트에 낀 채 쿼터 백스윙(quarter backswing)을 한다. 이때 히프가 돌아가는 것을 확인하면서 이 느낌 그대로 정상적인 스윙을 한다. 즉, 골반의 효율적 움직임을 통한 몸의 회전 연습이다. 골반(pelvis)은 우리 몸에서 수레바퀴와 같은 역할을 한다. 좌우에 2개의 복합된 뼈가 합해져 있으며 위로는 척추, 아래로는 두 다리의 뼈로 연결되어 있다.

골반은 몸의 장기를 보호하면서 상지와 하지를 연결하는 중요한 역할을 한다. 골프에서 몸을 회전시키는 데 매우 중요한 역할을 하기 때문에 이 골반의 위치가 정상을 유지하는 것이 중요하다. 백스윙 시 골반이 10cm 이동하면 어깨의 회전은 약 2배인 20cm정도 회전한다. 골반의 회전이 부족하면 백스윙 톱(top)에서 어깨의 회전도 충분히 되지 않는다.

Lesson 02 어드레스에서 피니시까지

잘못된 백스윙

1. 어깨 회전이 제한된다.
   척추의 축이 왼쪽으로 물러난다.
   체중이 왼발에 실려있다.

클럽을 거꾸로 한 백스윙

2. 클럽헤드를 왼쪽 옆구리 벨트에 끼고 강제로 돌려준다. 바로 다음 단계인 백스윙 1단계(클럽과 지면이 평행한 단계)에서 골반을 돌려주면 골반이 회전된 양의 2배 정도 어깨 회전이 가능하다.

올바른 백스윙

3. 버클은 오른발 쪽으로 회전한다.
   왼쪽 무릎은 목표의 반대쪽으로 이동한다.

5단계 : 다운스윙 DOWN-SWING

백스윙은 상체를 리드하여 진행된다면, 다운스윙은 하체를 리드하여 진행된다. 일단 감겨진 스프링을 풀려면 반대순서로 풀어야 파워를 극대화시킬 수 있다. 실제 스윙에서는 순식간에 지나가기 때문에 거의 무의식적인 단계이다. 바른 동작을 위해 단계별 동작연습과 스스로 슬로우 모션을 통해 계속 점검하고 확인해야 한다.

1. 왼팔보다 클럽은 늦게 내려온다(late hitting). 체중이 왼발에 실리면서 구심력이 생긴다. 왼팔은 볼을 향해 내려오는 것이 아니라 지면을 향해 내려온다. 커튼을 열때 줄을 잡아당기는 동작과 같이 다운스윙을 시작한다.

> 다운스윙 시 양손이 옆구리까지 진행될 때 그립 끝이 볼을 향한다.

2 1m 85cm 이상 큰 키의 골퍼는 다운스윙 시작 시 왼 무릎, 허리, 어깨의 3단계 순서로 체중이동을 시작하고, 보통 체격의 골퍼는 무릎과 허리를 동시에 이동(1단계)시키고 난 후 왼쪽 어깨(2단계)를 회전시켜야 체격에 맞는 다운스윙(down swing)을 할 수 있다.

다운스윙 시 양손이 옆구리까지 진행될 때 그립 끝이 볼을 향한다. 하체는 회전해서 어드레스 때와 같은 모양으로 돌아온다.

> 백스윙까지 만들어 놓은 파워를 그대로 유지하여 임팩트 시 볼에 전달하기 위해서는 손목의 코킹을 유지하는 지연히팅(late hitting)이 필수적이다.

3 왼발은 벽이다! 더 이상 왼발 밖으로 체중이 무너져서는 안 된다.

다운스윙이 진행되면서 체중을 왼쪽으로 이동할 때 오른쪽 어깨가 떨어지지 않도록 주의한다.

다운스윙 시 양손을 먼저 이동시키면 아웃사이드(outside)에서 인사이드(inside)로 스윙궤도를 형성하게 된다. 이때 클럽페이스가 열려서 임팩트(impact)되면 슬라이스 샷, 닫혀서 임팩트 되면 풀샷이 된다.

:: 오른쪽 어깨를 발쪽으로 떨어뜨려라

문제점 백스윙 톱에서 다운스윙으로 전환할 때 클럽헤드를 급하게 내리기 때문에 클럽이 몸에서 멀리 떨어지면서 팔만 이용한 약한 타격과 아웃사이드 인의 다운스윙 궤도가 만들어진다. 이러한 문제점 때문에 다운스윙 초기에 손목의 코킹(cocking)이 풀려서 비거리 손실과 미스샷을 유발한다.

연습방법 왼손이나 오른손으로 클럽을 잡고 그립 끝과 새끼손가락 쪽으로 천천히 내리는 것을 반복한다. 이때 그립 끝이 내려오는 방향은 볼 쪽이 아니라 발 앞쪽으로 내려오도록 해야 한다(그림 ❸).

정확한 다운스윙을 위한 방법

1. 햄머 다운 드릴(Hammer Down Drill)

오른쪽 발뒤꿈치에 막대기를 하나 놓고 햄머를 들고 있다고 가정한다(어드레스). 햄머를 들어서(백스윙) 오른쪽 발 뒤쪽에 있는 막대기를 바닥으로 박는다. 잘 되면 아이언으로 연습한다.

2. 몸통과 힙이 분리된 다운스윙을 하라.

다운스윙 때 히프의 움직임이 가장 먼저 이루어지고, 척추 각도가 스윙하는 내내 유지된다면 볼을 보다 정확하게 멀리 보낼 수 있다. 다운스윙 때 올바른 히프의 움직임을 갖도록 드릴과 컨디셔닝을 준비하라.

3. 다운스윙 때 손목의 코킹을 유지하라.

다운스윙을 시작하면서 손목의 코킹(cocking)이 임팩트존에 오기전에 일찍 풀어지지 않게 왼쪽 히프로 리드하여 클럽을 잡은 두 손과 클럽의 끝이 천천히 볼을 향해 내려오는 지연히팅(late hitting) 동작을 반복연습해야 한다.

잘못된 다운스윙

1, 2 클럽이 덮이듯이 앞으로 내려온다. 팔꿈치는 목표방향으로 회전되며 밀려간다. 다운스윙이 진행되면서 오른 손목이 풀리게 된다.

올바른 다운스윙

3, 4 클럽이 뒤에 처져서 따라 내려온다(late hitting). 손목이 꺾이는 각도가 크게 줄어든다. 클럽헤드는 뒤쪽에 머무르며 뒤따라 내려온다. 그립 끝은 발 앞부분을 향해 내려온다.

6단계 : 임팩트 직전 IMPACT

볼을 히팅(hitting)하기 위해 임팩트 존에 들어서는 순간이다. 체중이 오른쪽에서 왼쪽으로 이동되면서 상체의 몸통 근육에 축적되어 있던 엄청난 양의 탄성이 임팩트 시 파워를 증가시킨다. 클럽헤드의 스피드가 최고로 빨라지는 순간으로, 양팔의 지렛대 역할과 효과가 절정을 이루는 순간이기도 하다.

1 양팔에서 만들어지는 삼각형의 모양이 인상적이다. 머리는 볼 뒤에 남아있고 양발은 목표를 향해 이동된다. 다운스윙 시작 시 직선운동이 이 단계에서 왼발의 축 중심에 의한 회전운동으로 바뀌게 되는 직전단계이다.

Lesson 02 어드레스에서 피니시까지

> 팔꿈치가 거의 배를 스치게 되고 클럽헤드는 계속 뒤따라오는 느낌이다.

2 팔꿈치는 거의 배를 스치게 된다. 아직 손목을 풀어서는 안 된다. 클럽헤드는 계속 뒤따라오는 느낌이다(late hitting). 왼쪽 골반은 왼쪽 다리선까지 밀려간다. 이처럼 하체가 올바르게 타겟 방향으로 이동되면서 히프가 뒤쪽으로 빠지면 상체는 기술적으로 어떠한 파워도 낭비하지 않으면서 효율적으로 이동할 수 있다. 거의 모든 체중이 왼발에 실린다.

> 오른발 바깥쪽만 들려야지 임팩트 시 클럽헤드를 오랫동안 직각으로 유지할 수 있다.

3 임팩트 직전에는 체중이 단계별로 이동된다. 골퍼의 체격에 따라 단계별로 체중이 이동되지만 오른발 바깥쪽만 들린다. 이 동작이 만들어져야 임팩트(impact) 시 클럽헤드를 오랫동안 스퀘어(square)하게 유지할 수 있다.
직선으로 체중을 이동하는 동작(1단계) 후 오른발은 임팩트 단계에서 회전(2단계)해야 스윙의 과정중 만들어진 파워를 임팩트까지 유지할 수 있다. 직선운동 + 회전운동으로 마무리한다.

백스윙 톱(top)에서 만들어진 파워(power)가 임팩트 시 손실없이 볼에 전달되기 위해서는 2가지 사항이 필수이다.

① 다운스윙 시 하체부터 리드한다.
하체부터 리드해야 백스윙 시 상체에 저장되어 만들어진 파워(power)가 그대로 왼쪽으로 이동되어 볼에 전달될 수 있다.

② 레이트 히팅(late hitting)
체중을 오른쪽에서 왼쪽으로 이동하는 시간을 만들어 주고, 이미 만들어진 파워(power)를 손실없이 볼에 전달하는 중요한 역할을 한다. 손목이 풀리면 약 20%의 파워가 손실된다.

7단계 : 임팩트 IMPACT

샷의 구질과 방향, 속도 등이 결정되는 중요한 단계로, 매우 짧은 시간 동안 벽에 부딪치듯 정지되는 순간이기도 하다. 임팩트 시에는 다음과 같은 동작의 점검이 필요하다.

① 머리 위치는 어드레스 때의 위치이거나 어드레스 때보다 뒤에 위치해야 한다.
   (단, 머리의 위치는 타깃 방향으로 기울어져 있다.)
② 척추의 각(spine angle)은 어드레스 때와 같아야 한다.
③ 왼발의 축은 견고하게 유지해야 한다.
④ 체중은 왼쪽으로 충분히 이동되어야 한다.
⑤ 그립의 끝은 배꼽에 위치해야 한다.

왼쪽 어깨에서부터 클럽헤드까지 일직선상에 놓인다.

1 오른팔은 거의 다 펴진다.
어드레스 때와 같이 왼쪽 어깨에서부터 클럽헤드까지 일직선상에 놓인다. 왼손이 클럽헤드보다 먼저 내려오는 느낌이다.
하체의 체중 이동을 통한 파워를 극대화하기 위해 히프는 이동 후 오픈되지만 양어깨는 스퀘어하게 유지되어야 한다.
척추의 각을 유지함으로써 임팩트 시 팔을 자신있게 뻗어 줄 수 있다.

Lesson 02 어드레스에서 피니시까지

> 임팩트 시 척추 기울기(spine angle)는 어드레스 때의 기울기와 같아야 한다.

2 어드레스 때와 같이 오른쪽 어깨는 왼쪽 어깨보다 약간 낮거나 비슷하다. 이때 오른쪽 어깨가 지나치게 많이 내려가면 파워증대 및 백스핀 양을 많게 하는 다운블로샷을 할 수 없다. 숏아이언의 경우 스윙궤도가 가파르기 때문에 임팩트 시 오른쪽 어깨가 왼쪽 어깨보다 약간 높고 드라이버나 우드샷의 경우 완만한 스윙 궤도 때문에 오른쪽 어깨는 왼쪽과 비슷하거나 약간 낮게 된다. 왼발의 벌림은 다운스윙을 하면서 클럽이 임팩트에 오는 시간을 빠르게 할 수도 있고 지연시킬 수도 있다. 왼발을 많이 오픈할수록 임팩트 지점이 왼쪽으로 이동되어 지연된다.

> 임팩트 시 샤프트(shaft)의 각은 어드레스 때보다 비슷하거나 약간 위로 세워져 있다.

3 하체는 왼쪽으로 밀리며 돌아간다.
상체의 체중이동을 위해 히프는 뒤로 빼는 느낌이지만 어드레스 때와 같은 위치이다. 타구면은 목표를 향해 있다. 임팩트 시 머리는 어드레스 때의 위치나 약간 뒤에 위치한다.
어드레스 때에는 히프와 어깨가 모두 타깃에 평행하게 정렬되어 있지만 임팩트 순간에는 히프와 어깨가 타깃의 왼쪽 방향으로 턴이 되어 있다.

올바른 임팩트 방법

임팩트는 샷의 구질과 방향, 속도 등이 결정되는 중요한 단계로 매우 짧은 순간이다. 또한, 임팩트가 클럽과 볼이 만나는 유일한 순간이기에 골프스윙에서 문제가 되는 동작은 임팩트뿐이라고 해도 과언이 아니다. 이때 꼬였던 몸통이 풀리면서 왼쪽 바지 주머니의 위치가 원래 자리를 거쳐 뒤로 빠지는 상태에서 임팩트를 맞게 된다.

임팩트 구역에서는 헤드의 궤적이 일직선을 그린다. 이 일직선이 길수록 볼의 방향, 거리, 탄도가 좋아진다. 임팩트 구역에서 볼을 치기 전의 일직선 거리보다 볼을 치고 난 다음의 일직선 거리가 반드시 길어야 한다는 말이다. 이는 흔히 '헤드를 가능한 몸에서 멀리 던져라', '임팩트 후 팔을 쭉 뻗어라'라는 말로 표현된다. 또 머리를 볼 뒤에 남겨두고 임팩트를 하라는 말과도 같다. 비록 임팩트에서 발, 다리, 엉덩이, 그리고 손은 어드레스와 비교하여 전혀 다른 자리를 차지하지만, 머리와 어깨는 어드레스 때와 같은 위치로 정확히 되돌아온다. 머리는 어드레스 때와 정확히 똑같이 위치하거나 약간 뒤에 위치하게 된다. 머리가 고정된다는 것은 머리가 축이 되고 나머지 신체 부위가 이동하여 회전하게 하는 역할을 한다는 표시이다. 임팩트 시 비록 엉덩이는 타겟 방향으로 열려 있지만, 어깨는 셋업과 같은 위치로 돌아온다.

임팩트 때 힘을 전달하는 동력은 오른손이다. 하지만 오른손에서 나오는 힘을 왼쪽 손목이 받아주지 못하면 훅 또는 슬라이스, 토핑 등이 발생한다. 왼쪽 손목이 꺾이지 않은 채 볼과 만나야 손목 릴리스, 팔로우스루, 멋진 피니시가 이루어진다.

임팩트 시 타겟 방향으로 강하게 이동하여 다운스윙까지 지속되는 하체는 히프를 어드레스 때보다 6인치(15cm) 정도 더 앞으로 나가게 만들며 두 손 또한 출발 시점보다 더 앞에 있게 되므로 클럽페이스가 열릴 수 있다. 그렇기 때문에 강한 임팩트를 원하는 정상급 선수들이 뉴트럴 그립보다 스트롱 그립을 이용하기도 한다.

좋은 임팩트를 위해 클럽을 의도적으로 임팩트 위치에 오게 할 수는 없다. 임팩트 자세는 이전에 행해진 동작의 연결 동작으로 자유롭게 진행되도록 해야만 한다. 이는 적절한 그립, 셋업 그리고 올바른 스윙 궤도를 따라 백스윙, 백스윙 톱, 그리고 다운스윙의 순조로운 진행으로만 달성할 수 있는 복합적인 문제이다.

Lesson 02 어드레스에서 피니시까지

잘못된 임팩트 ①, ②

1, 2 임팩트 시 하체의 체중이동이 적고 상체의 움직임, 즉 오른쪽 어깨가 내려가기 때문에 클럽헤드(club head)가 열리고 이후 이 동작을 상쇄하기 위해 손목을 지나치게 사용하므로 클럽헤드가 닫힌다(사진 ❶). 하체의 이동 없이 상체가 먼저 이동되어 클럽헤드(club head)가 닫히거나 열릴 수 있으며 임팩트 이후 체중이동 없이 손목을 사용하여 스윙한다(사진 ❷).

> 왼손이 오른팔 위치에 도달할 때까지 손목꺾임은 유지되어야 하고 그 이후에 풀어야 한다.

잘 된 임팩트 ③

3 왼손이 오른팔 위치에 도달할 때까지 손목꺾임은 유지되어야 하고 그 이후에 풀어야 한다.
왼발의 축은 무너지지 않아야 힘이 분산되지 않고 볼에 전달할 수 있다. 왼 손등이 타깃 방향을 향하며 마치 왼 손등으로 볼을 치는 듯한 모습이 되어야 한다.

정확한 임팩트를 위한 5가지 비법

▶ 어드레스 시 체중은 발 앞쪽에 둬라

셋업에서 가장 중점을 두는 부분은 밸런스이다. 즉 균형감을 느끼고 스윙 준비를 하는 것이다. 어드레스 시 하체의 각도에 대해 중점적으로 연습해야 하는 이유는 유연한 무릎과 체중이 발바닥 중앙에서 앞쪽으로 이어지는 느낌을 갖기 위해서이다. 또한 양발의 무게 분배에서 오른발에 조금 더 무게를 두는 것이 좋다. 이로 인해 상체가 약간 오른쪽으로 기울어지게 되고, 백스윙을 시작할 때 머리도 조금 따라가게 해 백스윙하는 동안에 상체가 볼 뒤쪽에 머물 수 있도록 한다.

▶ 백스윙 꼬임을 위해 하체를 견고하게 고정하라

백스윙 시 하체를 안정적으로 지지할 수 있도록 하는 것은 앞서 언급한 일관성을 유지할 수 있는 가장 중요한 요소이다. 스윙을 시작할 때 중요한 부분 중 하나는 측면으로 밀리는 것을 방지하는 것이다. 달리 표현하면 오른쪽 다리를 어드레스 때와 같이 고정해 백스윙 시 타깃 반대 방향으로 밀리는 것을 방지한다. 많은 아마추어 골퍼들은 백스윙 시 오른쪽 무릎이 밀리지 않게 하는 것이 매우 어렵지만, 이를 성공한다면 그만큼의 보상을 받을 수 있으며, 볼을 타격하는 능력 또한 향상될 것이다.

▶ 백스윙 톱에서 체중은 오른발 뒤꿈치에 실어라

만약 상체의 꼬임을 만들 때 하체를 안정적으로 유지할 수 있다면, 사진처럼 백스윙 톱에서 상체를 오른쪽으로 이동시킬 수 있다. 여기서 체중은 반드시 오른발 뒤꿈치 안쪽에 실어야 한다. 이때 오른쪽 무릎이 뒤쪽으로 빠지면서 앉으려는 동작이 발생할 수 있다. 이러한 현상은 체중을 오른발 뒤꿈치에서 발가락 쪽으로 이동하며 불균형적인 자세로 이어져 다운스윙에 문제를 일으키고 볼을 타격하는 데 있어 일관성도 사라지게 한다.

▶ 하체에 의한 다운스윙과 완벽한 스윙 궤도를 형성하라

다운스윙 시 상체 회전이 너무 빨리 이루어지는 경향이 있기 때문에 짧은 순간이지만 측면으로 움직이려 한다. 만약 상체가 너무 빨리 회전하면 오른발에 있던 체중이 회전력에 의해 왼발 뒤꿈치로 너무 많이 빠지면서 오른쪽 히프는 올라가게 되고 불규칙적인 임팩트가 이루어지게 되기 때문에 다운스윙 시 모든 부분을 하체가 이끌도록 하는 것이다. 궁극적으로 균형이 잘 잡히고 지면으로부터 하체의 움직임을 더 느낄 수 있다. 또한, 임팩트 시 체중은 왼발 뒤꿈치 쪽으로 이동하게 된다. 이러한 체중이동은 더 좋은 타격과 컨트롤, 탄도를 형성한다.

▶ 임팩트 구간에서 양손을 낮게 유지하라

임팩트 시 클럽페이스로 볼을 타격할 때 어드레스 때보다 양손을 낮게 유지하는 방법이 있다. 양손이 높아지면 클럽이 수직으로 떨어지면서 클럽페이스의 토(toe)가 땅을 팔 가능성이 높기 때문이다. 정확한 다운스윙을 하면 클럽은 가파르게 다운블로우로 볼에 접근하고 양손은 낮게 유지되며 완벽하게 볼을 타격할 수 있다.

임팩트 구간을 지나 팔로우스루, 피니시에 이르기까지 오른발을 지면에서 떨어지지 않게 하며, 임팩트 직후 오른발 바깥쪽부터 지면으로부터 이격시킨 후 천천히 이동시킨다.

:: 어드레스와 임팩트 포지션 IMPACT POSITION

왼발에 정확히 체중을 이동해야 파워샷이 나온다

문제점 임팩트 시에 어드레스 포지션(position)으로 되돌아가려고 하는가? 임팩트는 어드레스의 재현이라는 이론은 맞지만 볼을 강하고 정확히 쳐내려면 신체에 어떤 변화가 있어야 하는지를 느껴서 각 근육에 전달시켜줘야 한다. 많은 아마추어 골퍼들은 임팩트 순간의 자세가 어드레스 자세와 비슷하다고 생각한다.

연습방법 연습장에서 임팩트백이나 캐디기 등 보조기구를 이용하여 고정된 물체의 클럽페이스를 직각으로 대고 어드레스를 취한다. 스윙은 하지 말고 고정된 물체를 밀어내듯이 샤프트가 휘도록 힘을 가해서 임팩트를 취한다. 이때 양손은 평행으로 유지되어야 하고 체중을 왼발로 옮겨야 한다. 하체를 타깃방향으로 밀어줄 때 그 힘으로 샤프트가 휘어지며 헤드로 전달된다.

만일 상체나 손으로만 밀게 되면 힘은 가해지지만 샤프트는 휘지 않고 클럽페이스만 열리거나 닫히게 된다(사진 ❶, ❷). 임팩트 순간의 자세를 근육에 기억시키려고 느린 동작으로 다운스윙을 연습할 때 클럽페이스를 목표물과 직각을 만들고, 어깨와 히프도 타깃에 평행하게 맞추려 한다. 그러나 임팩트 순간과 어드레스 때의 일치되는 동작은 오직 클럽페이스가 직각이 되어 있을 때 뿐이다. 골퍼들의 임팩트 동작은 개인에 따라 다르지만 평균적으로 임팩트 시에는 어드레스에 비해 머리의 위치는 타깃 반대방향으로 이동되면서 더 기울어지거나 어드레스 때의 머리 위치와 같다. 왼손목은 어드레스 때에 비해 타깃방향으로 더 펴지고 오른 손목은 코킹의 유지로 인해 어드레스 때의 자세보다 타깃방향으로 좀 더 돌아가 다음 동작인 팔로우스루를 잘 할 수 있도록 한다.

Lesson 02 어드레스에서 피니시까지

잘못된 임팩트

1, 2 임팩트 시 클럽헤드가 닫히거나 열린다.
정확한 타이밍에 임팩트가 이루어지지 않으면 코킹이 빨리 풀려 클럽헤드가 열리거나 닫히게 된다.

잘 된 임팩트

3 왼손이 오른팔 위치에 도달될 때까지 손목 꺾임은 유지되어야 하고 그 다음 풀려야 한다. 왼손이 왼발 위치를 벗어나는 동시에 클럽헤드는 볼을 가격하고, 다시 손목은 꺾이듯이 되며 클럽헤드는 하늘을 향해 올라가면서 자연스러운 릴리즈가 되도록 한다.

양팔의 파워는 최대한 빼고 체중이동 시 팔과 몸이 일체감 있게 움직이도록 한다.

어드레스

1 머리는 상상의 볼 뒤에 위치한다.

오른쪽 어깨는 왼쪽보다 약간 내려가도록 자세를 취한다. 양팔의 힘은 최대한 빼고 체중이동 시 팔과 몸이 일체감 있게 움직이도록 한다.

클럽페이스는 어드레스 때와 마찬가지로 수직이 되도록 유지한다.

임팩트

2 머리는 계속 볼 뒤에 위치한다.

체중이동과 함께 타깃방향으로 밀리며 회전한다. 임팩트 시 오른손은 왼손과 평행이 되는 압력으로 받쳐준다. 클럽헤드로 물체를 밀되 페이스는 어드레스 때와 마찬가지로 수직이 되도록 유지한다.

8단계 : 임팩트 직후 IMPACT

제 2단계 테이크 어웨이와 정확히 대칭되는 단계이다. 이후 단계 역시 백스윙과 반대임을 인식하면 된다. 왼쪽 히프가 턴을 해야 몸통 전체가 로테이션되는 올바른 동작이 만들어진다. 같은 위치에서 볼이 있던 자리를 주시한다. 양팔은 삼각형 모양이 계속 유지되며 오른팔은 완전히 펴지면서 왼손 위로 이동하기 시작한다.

1

> "I feel that my arms, trunk, hips and legs – just about every ounce of me except my hands and wrist – are moving together to release the club."
>
> 나는 내 손과 손목만 빼고 팔, 몸통, 히프, 다리 등 신체의 모든 부분들이 함께 움직인다고 느낀다.

> 양팔은 목표를 향해 던지는 느낌으로! 오른발 뒤꿈치는 살짝 들리도록!

2 양팔은 목표를 향해 던지는 느낌이다.
오른 무릎은 왼 무릎을 향해 계속 접근한다. 임팩트 후 손(그립)이 먼저 나가면 열려 맞는 원인이 된다. 그립의 끝은 몸의 중심인 배꼽을 향한다.
임팩트 직후 오른발이 땅에서 너무 일찍 떨어지지 않아야 하고, 오른발 뒤꿈치와 발 바깥부분이 살짝 들려 있어야 한다.

> 왼쪽으로 옮겨졌던 체중이 다시 오른쪽으로 되돌아가는 역피봇 현상에 주의하라.

3 클럽헤드는 인사이드로 진행하기 시작한다.
팔에 의해 클럽헤드가 회전하는 것이 아니라 몸이 회전하기 때문에 같이 회전한다. 오른발을 땅에 붙인 채 임팩트하면 왼쪽으로 옮겨졌던 체중이 다시 오른쪽으로 되돌아가는 역 피봇(reverse pivot) 현상의 원인이 된다. 따라서 임팩트 직후 볼을 주시하던 눈을 타켓쪽으로 이동하여 오른쪽 어깨의 회전을 원활하게 해야 한다.
임팩트 직전에 시작한 오른팔의 회전(turn over)동작은 악수하는 자세로 유지하여 클럽헤드(club head) 속도를 증가시킨다.

오른발의 매직무브(magic move) = 견고한 샷을 만드는 방법

- 임팩트 직후 오른발이 땅에서 너무 일찍 떨어지지 않아야 클럽헤드(club head)가 직선으로 낮게 이동할 수 있는 시간(time)을 만들어 줄 수 있다. 이때, 오른발 뒤꿈치와 발의 바깥 부분이 살짝 들려 있어야 한다.
- 왼발의 벌림에 따라 클럽이 임팩트(impact)까지 오는 시간을 빠르게 할 수도 있고 지연시킬 수도 있다. 왼발을 많이 오픈할수록 임팩트 지점이 왼쪽으로 이동되어 지연되고 오른쪽 발도 늦게 떨어진다.
- 직선으로 체중을 이동하는 동작 후 상체가 다이나믹(dynamic)하게 회전해야 스윙의 과정 중 만들어진 파워(power)를 유지할 수 있다.
   직선운동 + 회전운동으로 마무리 한다.

9단계 : 팔로우스루 FOLLOW THROUGH

팔로우스루는 지금까지의 모든 동작에 대한 자연스러운 반응이다.

팔로우스루가 좋아야 스윙의 리듬(rhythm)이 잘 맞는다는 증거이므로 스윙의 밸런스(balance)를 유지하면서 볼이 본인이 목표한 곳으로 잘 날아가고 있다는 이미지를 그리며 자세를 취한다.

1　오른쪽 어깨는 다운스윙의 대칭으로 왼쪽 어깨 밑으로 지나간다. 왼팔은 굽어지며 팔꿈치는 아래를 향한다. 오른팔은 완전히 펴지고 가슴을 가로지른다.

> 시선이 어드레스 시의 볼 위치에 계속해서 집중되어 있으면 체중이동과 피니시 자세에 문제가 발생하게 된다.

2   옆구리 옆으로 클럽만 보이며, 왼팔은 몸에 감춰져 있다. 오른쪽 어깨가 턱에 닿게 된다. 이 때 시선은 볼에서 타겟 쪽으로 이동되어야 오른쪽 어깨가 회전할 수 있다. 시선이 끝까지 어드레스 시의 볼 위치에 집중되어 있으면 오른쪽 어깨는 회전되지 않아 체중이동과 피니시 자세에 문제가 발생하게 된다. 이러한 동작은 피니시까지 영향을 준다.
임팩트 후 시선을 타겟(target)으로 이동하지 않으면 결국 파워(power)를 손실하게 되어 비거리 감소의 원인이 된다.

> 몸이 거의 다 회전되고 체중은 왼쪽 다리가 지탱한다.

3   손목은 다시 꺾이고(코킹되고) 클럽은 하늘을 향한다. 몸이 목표를 향해 거의 다 회전된다. 대부분의 체중은 왼쪽 다리가 지탱한다.
하프백스윙의 반대 동작과 비슷하다. 왼팔과 오른팔의 겨드랑이 안쪽은 약간 붙어 있어 팔과 몸의 일체감으로 팔로우스루 동작을 취해야 한다.

10단계 : 피니시 FINISH

팔로우스루의 연장이지만 축운동은 계속 진행된다. 스윙아크를 크게 만들어 주며 몸이 세워지기 시작한다. 피니시의 핵심은 균형으로, 스윙이 끝난 후 볼이 낙하될 때까지 5초 동안 머물러 있어야 한다. 피니시 자세를 보면 임팩트와 구질을 알 수 있다. 상체가 앞으로 쏠려 있다면 훅이나 드로우샷을 구사했다는 증거이다.

1. 전체적 몸의 옆선은 활처럼 휘어 있지만, 왼발, 허리, 머리 위 중심은 균형을 이루고 있다.

> 클럽샤프트가 자신의 양쪽 귀를 통과하여 지면과 대각선으로 내려진다.

2   어깨부터 다리까지 일직선상에 놓는다.
머리가 오른쪽으로 약간 기울어 있으며 타겟을 향한다. 오른쪽 어깨가 왼쪽 어깨보다 낮고, 클럽샤프트가 자신의 양쪽 귀를 통과하여 지면과 대각선으로 내려진다.

> 피니시가 나쁘다는 것은 직전의 과정, 즉 임팩트, 임팩트 직후 팔로우스루에서 자세가 무너졌다는 증거이다. 볼을 치고 난 뒤 "피니시 동작을 반드시 취하겠다." "최소한 3초간은 피니시 자세를 풀지 않겠다." 고 하는 의식적인 연습이 중요하다.

3   왼쪽 다리는 거의 펴지고 양 무릎의 간격은 거의 붙게 된다. 또한 샤프트가 목뒤를 가로지르며 놓인다.
프로 골퍼들은 피니시 동작에서 밸런스를 잃지 않고 그 자세를 그대로 유지한다. 아마추어 골퍼들은 밸런스를 잃고 옆이나 앞으로 무너지게 된다. 칩 샷, 아이언 샷, 퍼팅, 드라이버 샷 모두 피니시 동작을 한 채로 균형을 잡을 수 있어야 한다.

체형별 피니시

〈보통 체형〉

〈상체 근육형〉

〈키가 크고 마른 체형〉

- 가슴은 타겟의 왼쪽을 향하고 오른쪽 어깨는 타겟라인에 가깝게 위치하며 왼쪽 어깨보다 오른쪽에 낮게 기울어진다.
- 클럽 샤프트가 자신의 양쪽 귀를 통과하여 **지면과 대각신으로** 내려진다.

- 상체와 하체는 곧게 세워져 배꼽이 타겟 방향을 마주본다.
- 어깨는 지면과 평행하고 머리는 왼발 위에 위치하는 일자형 피니시 자세를 취한다.

- 두 팔이 왼쪽 어깨를 넘어갈 때 가슴은 타겟을 보고 머리는 오른발위에 있으며 상체의 모양은 "C"자를 거꾸로 뒤집어 놓은 형태이다.
- 두 팔이 높이 올리기는 하이피니시 자세이다.

> 피니시가 나쁘다는 것은 직전의 과정, 즉 임팩트, 임팩트 직후, 팔로우스루에서 자세가 무너졌다는 증거이다. 또한, 스윙의 과정 중 체중이동, 몸의 회전 등 파워에 영향을 주는 요소들도 무너졌다는 의미이다. 골퍼의 체형에 맞는 피니시 자세를 올바르게 유지하고 근육에 기억시키는 연습이 중요하다.
> 연습장의 거울 앞에서 피니시 자세를 의도적으로 만들어놓고 5초동안 멈춘 상태로 점검하는 연습이 피니시를 좋게 하는 방법이다.

9가지 볼의 구질

▶ 타구의 형태 또는 구질

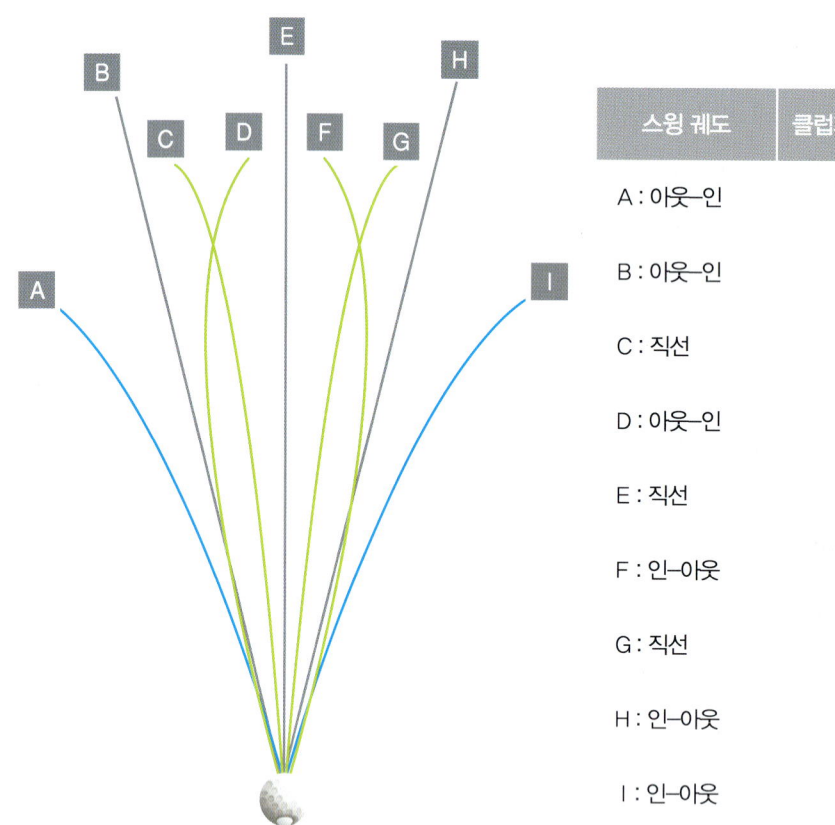

스윙 궤도	클럽페이스 각도	볼의 구질
A : 아웃-인	닫힘	풀/훅
B : 아웃-인	직각	풀
C : 직선	닫힘	드로
D : 아웃-인	열림	풀/슬라이스
E : 직선	직각	직선
F : 인-아웃	닫힘	푸쉬/드로
G : 직선	열림	페이드
H : 인-아웃	직선	푸쉬
I : 인-아웃	열림	푸쉬/슬라이스

스윙궤도 + 클럽페이스 각도 = 타구의 구질

골퍼들의 갖가지 스윙으로부터 생겨나는 볼 비행의 특성을 논리적으로 파악하려면 스윙 궤도와 클럽페이스 각도의 관계를 이해하는 것이 필수적이다. 클럽페이스 각도는 볼이 비행을 시작한 직후 사이드 스핀에 영향을 준다는 점을 상기해야 한다. 스윙 궤도와 클럽페이스 각도 둘다 직각이면 볼은 직선으로 뻗어 나갈 것이다(E). (E)를 출발점으로 해서 클럽페이스의 열리고 닫힘을 변수로 조작하면서 볼이 좌우로 휘는 것을 일목요연하게 요약해 놓은 것이 위의 도표이다. 각각의 경우에 따라 일어나는 샷의 결과들을 설명하고 있다.

볼의 구질은 스타트할 때는 클럽페이스(club face)의 열리고 닫히는 형태에 따라 영향을 받고, 최고점(max high)에서 낙하 하면서는 볼의 구질은 스윙궤도(swing path)의 영향으로 만들어진다.

Lesson 02 어드레스에서 피니시까지

Lesson 03

원포인트 클리닉

중력, 원심력, 지면반력, 축운동을 이해하라
스윙 궤도
스윙 플레인
스윙 웨이트 느끼기
스윙은 원통형 스윙이 이상적
펌핑연습을 통한 완벽한 리듬, 타이밍 만들기
리듬, 템포, 타이밍
아이언과 우드의 스윙은 같다
체중이동과 스웨이
균형을 갖춘 체중이동
주시의 원리를 이용하라
루틴, 왜글, 트리거
짧고 강하게
다양한 바운스를 갖자
스윙교정의 새로운 트랜드
빈스윙을 통한 스윙교정
스윙 보조기구를 이용한 연습효과 극대화
레슨 현장에서 필요한 교수요법

안신애 프로와 저자

중력, 원심력, 지면반력, 축운동을 이해하라

∷ 중력을 이용한 스윙연습 (1단계)

질량이 있는 모든 물체 사이에는 서로 끌어당기는 만유인력이 작용한다. 특히, 지구가 물체를 잡아당기는 힘을 중력이라 한다. 골프스윙에서 중력이란 백스윙 톱(top)에서 자연적인 힘의 원리를 이용하여 팔을 떨어뜨리는 동작을 말한다. 하프백스윙 단계까지 클럽을 들었다가 헤드 무게로만 클럽을 "툭" 떨어뜨리는 연습이다.

- 하체의 힘은 사용하지 않고 팔로만 헤드무게를 느끼면서 스윙한다.
- 풀스윙 시 비거리의 1/2만 보낼 수 있도록 팔 외에 몸의 다른 부분의 힘을 이용하지 않는다.
- 이 연습을 통해서 골프스윙 시 팔의 역할을 정확히 이해할 수 있다.

원심력의 이해 (2단계)

원심력은 원운동을 하고 있는 물체에 나타나는 관성력이다. 구심력은 원운동하는 물체에서 원의 중심방향으로 작용하는 일정한 크기의 힘으로 물체의 운동방향에 수직으로 작용한다.

골프스윙에서 구심력은 몸, 원심력은 팔의 역할을 의미한다. 원심력은 스윙 축에 의한 구심력이 버텨줄 때, 클럽은 그 반대되는 힘의 작용을 받아 바깥쪽으로 원운동을 하는 힘을 말한다. 몸통의 축이 얼마나 강하게 버텨주느냐에 따라 지렛대 역할을 하는 팔과 손으로 힘이 전달되어 클럽헤드의 스피드를 증가시켜주고 스윙궤도를 형성한다.

똑같은 클럽을 사용하는데 남보다 유독 거리가 짧거나 방향이 나쁘다면 무엇보다 먼저 원심력의 법칙을 제대로 활용하지 못한다고 생각해야 한다. 원심력을 극대화시켜 주는 몸통의 회전운동을 효과적으로 이용하지 못하고 구심력에 필요한 자세가 좋지 않기 때문이다.

- 원을 그리면서 얼마나 빠르고 정확하게 그리고 강하게 스윙을 구사하느냐에 따라 비거리와 정확성이 결정된다.
- 내 몸의 중심축을 잡아두고 클럽헤드가 가지고 있는 본연의 무게중심을 잘 이용할 수 있다면 스윙의 스피드(speed)를 빠르게 할 수 있다.
- 팔, 몸, 어깨에 힘을 준다고 클럽헤드 스피드가 증가하는 것이 아니라 중심축을 잡아놓은 상태에서 원심력은 최대한 이용한 스윙으로 스피드를 강화시킬 수 있다.
- 지렛대 역할로 클럽(club)으로 전달되는 힘을 자연스럽게 연결해주고 한쪽에서 다른쪽으로 이동될 때 넓은 반경의 아크를 만들어 준다.

:: 지면반력을 이용한 파워늘리기 (3단계)

지면에 힘을 가했을 때의 반작용으로 모든 물체는 중력을 받기 때문에 운동법칙에 따라 동등한 크기의 힘이 지면에서 물체에 작용하게 된다. 골프 스윙에서 지면반력은 백스윙 때 만들어진 파워(power)를 다운스윙 시 지면으로부터 바닥을 미는 느낌으로 발의 파워를 임팩트(impact)에서 볼에 전달하는 역할이다.

역동적인 골프스윙을 소화하기 위해서는 골퍼의 몸에서 만들어내는 힘(body force)을 스윙의 과정 중 효율적으로 이용하는 것이 중요하다. 특히, 지면반력을 이용한 스윙 시 히프의 턴과 왼쪽 무릎을 과하지 않게 이용하는 것이 핵심이다.

1   백스윙 톱
2   임팩트(살짝 앉음)
3   피니시

- 비거리에 대한 욕심 때문에 과한 히프의 턴과 왼쪽 발의 사용으로 인한 점핑 동작은 토핑(topping) 등 정확성을 떨어뜨릴 수 있다.
- 드라이버샷보다 아이언샷에서는 히프의 턴과 왼쪽 무릎의 펴짐도 과하지 않게 하는 것이 중요하다.

지면반력의 연습방법

1. 연습장에서 연습방법

사진과 같이 클럽을 두손으로 가슴에 모으고 왼쪽 다리를 90° 정도 들어준다. 오른쪽으로 이동하면서 오른발을 뻗어준다. 약 3초 정도 정지한 다음 다시 처음 자세로 돌아온다. 이때 지면의 반발력을 이용하여 바닥을 오른발로 차고 일어나는 느낌으로 한다. 반대 쪽의 방향도 같은 방법으로 한다.

2. 발바닥을 떼지않고 스윙하기

어드레스에서 무릎의 각은 약간 구부러져있다. 이 무릎의 각은 백스윙 톱(top) - 임팩트(impact) - 피니시(finish)까지도 유지한다. 이때 발바닥을 지면에서 떼지 않고 스윙하면 스윙의 과정 중 체중이 이동하면서 지면의 반발력을 이용하여 파워(power)를 볼에 전달하는 원리를 알게된다(사진 ❹, ❺).

∷ 축의 운동 (종합연습)

중력을 이용한 스윙연습(1단계), 원심력의 이해(2단계), 지면반력을 이용한 파워 늘리기(3단계) 등 골프스윙 시 골퍼의 몸으로 느끼는 3단계 연습방법에 대해 이해하였다. 이는 골퍼가 효율적으로 이용할 수 있는 "공짜 힘"으로 이를 잘 이용하면 좋은 스윙을 만드는 지름길로 갈 수 있다.

축의 운동은 공짜 힘으로 연습할 수 있는 3가지 단계의 스윙을 효율적으로 완성하는 원리이며 연습방법이다.

그네를 타는 사람이 몸으로 에너지를 발생시켜 스피드를 내고 움직임을 크게 하듯이 골프스윙도 팔이 클럽을 움직이는 동안 몸은 발전소와 같이 에너지를 발생시켜야 한다.

> **그네타기는 고정된 축을 중심으로 좌우로 움직이는 대칭운동이다**
>
> 골프스윙도 그네타기와 똑같은 축운동으로, 절반의 고정된 자세에서부터 피니시의 균형 유지까지 팔과 다리, 손과 몸통 등 각각 독립성을 가진 부위가 상호 유기적으로 움직여야 한다.
> 그네를 탄 사람이 몸으로 에너지를 내어 스피드를 내고 움직임을 크게 하듯이 골프스윙도 팔이 클럽을 움직이는 동안 몸은 발전소와 같은 역할을 해야 한다. 골프 스윙에서 에너지는 몸의 회전과 체중이동을 통해 발생하기 때문이다.

Lesson 03 원포인트 클리닉

02 스윙 궤도

:: 올바른 스윙은 클럽의 직선운동에서 시작된다

[스윙 궤도(swing path)란 스윙할 때 클럽헤드가 그리는 길을 말한다.]

문제점 스윙 궤도가 볼의 타깃 라인에서 '인사이드-스퀘어-투-인사이드(inside-square-to-inside)'로 그려지는 것이 보이지 않거나 느껴지지 않는다면 잘못된 샷에 길들여져 있는 것이다.

연습방법 자신이 하고 있는 골프 샷의 유형을 알려면 스윙의 길을 알아야 하고, 그럼으로써 내가 원하는 샷을 마음대로 할 수 있는 방법을 알게 되며 잘못된 샷의 원인을 알아 스스로 고칠 수 있게 된다. 스윙의 길을 나타내는 말에는 스윙 궤도, 스윙 패스, 클럽헤드 패스 등 다양한 용어들이 있으며, 모두 스윙을 하는 동안 클럽헤드가 그리는 길이라는 의미로 똑같이 받아들이면 된다.

타깃 라인에 평행되게 스탠스 가까이 클럽 하나를 내려 놓는다. 또 다른 클럽은 헤드가 왼손, 그립이 오른손 방향에 오게 잡되 양팔을 앞으로 뻗어 두 클럽을 서로 마주보게 하여 한 클럽으로 보이게끔 하고 셋업 자세를 취한다. 눈은 바닥을 주시한 채로 서서히 바닥에 놓인 클럽을 따라 팔과 어깨를 돌리며 하프백스윙을 한다. 이때 왼손의 클럽헤드는 바닥의 클럽을 따라 팔과 직선운동을 하지만, 오른손 그립은 인사이드로 아크(arc)를 그리게 된다. 다시 다운스윙을 통해 타깃 라인을 따라 처음 위치로 내려오고 계속해서 반대로 오른손의 그립이 바닥의 클럽을 따라 직선운동을 하면 왼손의 클럽헤드는 인사이드로 아크를 그리며 곡선운동을 하게 된다. 이것이 바로 '인사이드-스퀘어-투-인사이드(inside-square-to-inside)'로 그려지는 스윙 궤도이다.

Lesson 03 원포인트 클리닉

1. 상체는 클럽이 수직일 때 멈춘다.
   양팔을 약간 앞으로 들어 바닥에 놓인 클럽이 보이지 않게 한다.

2. 왼손은 위로 들어 올리지만 왼발은 인사이드로 돌게 된다. 클럽헤드는 바닥의 클럽을 따라 직선 운동을 한다.

3. 그립 끝은 다시 바닥의 클럽을 따라 직선운동을 한다.

03 스윙 플레인 SWING PLANE

스윙 플레인(swing plane)이란 간단히 말해 스윙을 하면서 클럽샤프트가 만들어 놓는 면을 의미한다. 골프스윙이 잘 되면 '다운스윙 패스(swing path; 스윙을 하면서 클럽 헤드가 그리는 길)가 인사이드에서 인사이드로 되었다'고 하고, 잘 안 된 샷을 보면 '스윙이 아웃사이드에서 인사이드로 되었다'고 하는 스윙 패스에 대한 말을 듣게 된다. 그러나 사실 스윙 패스와 관계없이 볼의 방향은 임팩트 때 클럽페이스가 타깃 라인에 직각을 이루기만 하면 타깃 방향으로 날아가고, 또 스윙 패스와 상관없이 토핑 샷이나 뒷땅샷을 일으키지 않는 견고한 샷을 하려면 어드레스에서 임팩트까지 클럽의 움직임이 올바른 스윙 플레인 안에 있도록 하면 된다. 스윙 플레인을 자신의 플레인 앵글보다 위로 가파르게 만들거나(upright) 낮게 눕혀지지 않는 평행이 되는 플레인(onplane) 앵글을 만들며 스윙하는 것이야말로 골프에서 가장 어렵고 중요한 일이다.

우선 어드레스할 때 볼과 몸의 간격을 잘 조정만 할 수 있다면 몸의 자세가 곧게 세워지지도, 너무 굽혀져 있지도 않게 되어 제대로 된 플레인을 만들 수 있는 조건이 된다. 등이 곧게 세워지면 처음부터 자신의 플레인 앵글이 가파르게 되고(사진 ❹), 등이 너무 많이 굽혀지면 척추의 각이 커지며 자신의 플레인 앵글이 플랫하게 된다(사진 ❸).

백스윙 플레인이 전체적으로 가파르게 만들어진 사람은 뒷땅을 치는 경우가 많다. 업힐 사이드힐(uphill sidehill : 발이 볼보다 낮은 위치의 지형)에서 골프 클럽을 조금 짧게 잡고 스윙 연습을 하거나 야구 스윙을 많이 연습하면 스윙이 온플레인에 가까워질 수 있으며, 반대로 백스윙 플레인이 완만한 사람은 볼이 뜨지 않고 토핑샷을 하는 경우가 많아서 다운힐 사이드힐(downhill sidehill : 발이 볼보다 높은 위치)에서 스윙 연습을 하여 스윙 플레인을 조금씩 가파르게 만들어 온플레인에 가까워지도록 해야 한다. 키가 크고 날씬한 체격의 골퍼에게는 업라이트형(upright style)이 적당하고 상체가 큰 골퍼에게는 플랫형(flat style)이 적합하다.

스윙 플레인은 다운스윙 때 스윙 패스(swing path)를 결정하고 볼이 날아가는 높이에 영향을 준다.

Lesson 03 원포인트 클리닉

어드레스(Address)
1. 어깨 방향으로 약간 기울인다.

스퀘어형(Square Style)
2. 어드레스 때와 같이 어깨 방향으로 손과 훌라후프가 올라간다.

플랫형(Flat Style)
3. 훌라후프와 손이 어깨 밑으로 지나간다.

업라이트형(Upright Style)
4. 훌라후프와 손이 머리와 어깨 사이로 지나간다.

볼은 임팩트(impact) 직전 다운스윙 시에 스윙 플레인의 영향으로 공의 방향이 미리 결정되는 셈이다. 그러므로 자신의 스윙 플레인 점검과 파악은 매우 중요한 부분이기 때문에 훌라후프를 이용한 스윙 궤도 점검방법을 통해 확인해 볼 수 있도록 한다.

04 스윙 웨이트 느끼기 SWING WEIGHT

:: 클럽을 거꾸로 잡고 스윙 연습을 해보라

스윙 웨이트(swing weight)란?

같은 중량의 클럽이라도 무게가 헤드 쪽이나 그립 쪽에 어떻게 배분되어 있는가에 따라 스윙을 하는 동안 느낌이 다르다. 즉, 헤드 쪽에 무게배분이 많이 이루어져 있을수록 스윙 시 클럽은 더욱 무겁게 느껴진다. 스윙 웨이트 표시는 C-0에서 E-0까지의 범위로 표시하며 헤드 쪽의 무게가 무거워지면 스윙 웨이트가 증가하고, 반대로 그립 쪽의 무게가 무거워지면 스윙 웨이트가 감소한다.

문제점 클럽헤드가 백스윙 톱에 도달하는 것을 느끼지 못하거나 다운스윙을 통해 스윙 웨이트를 느끼지 못하는가? 스윙 중에 클럽헤드는 어느 지점에도 머물지 않지만, 어느 지점을 지나가는지 반드시 느껴야 한다.

연습방법 클럽을 거꾸로 잡고 어드레스 자세를 취한다. 풀 백스윙에서 완전한 피니시까지 부드럽고 리듬감 있게 스윙한다. 이처럼 클럽을 사용할 때마다 샷을 하기 전에 약 20회 정도 연습 스윙을 하고 난 후 제대로 클럽을 잡고 샷을 한다.

> "저는 항상 실수를 최소화하려고 노력하고 있지만 실수를 해도 후회하지 않습니다. 중요한 것은 그 실수를 두 번 다시 반복하지 않는 것입니다.
> 실수한 것을 가지고 언제까지나 마음에 두고 연연해하는 일만큼은 하지 않으려고요…."
>
> – Tiger Woods –

Lesson 03 **원포인트 클리닉**

어드레스

1   클럽을 거꾸로 잡고 어드레스 자세를 취한다.

임팩트 직후

2   몸의 회전만으로 스윙이 되는 느낌이다. 클럽의 무게나 스윙 웨이트를 전혀 느낄 수 없다.

피니시

3   클럽을 거꾸로 잡고 연습 스윙을 하면 헤드의 무게를 전혀 느끼지 못한다. 연습 후 정상적으로 클럽을 잡고 스윙을 하면 헤드의 무게를 확실히 느낄 수 있게 된다.

클럽 외에도 템포마스터(tempo master), 연습기구를 이용한 단계별 빈스윙 연습으로 스윙웨이트를 느끼는 효율적인 연습을 할 수 있다.

스윙은 원통형 스윙이 이상적

:: 체중이동과 강한 임팩트가 가능해진다

문제점 백스윙에서 왼쪽 어깨를 수평으로 회전하는가? 다운스윙에서 볼을 찍듯이 내려치는가? 스윙은 연결동작이므로 내리면 들려 하고, 들면 내리려고 하는 상호 보상관계에 있다.

연습방법 물지게를 지듯 클럽을 목 뒤에 둘러메고 그립은 오른손, 헤드는 왼손으로 잡고 셋업을 취한다. 왼손으로 시작된 백스윙은 자연스럽게 헤드와 어깨가 턱 밑으로 회전하게 된다. 다시 하체부터 시작된 다운스윙은 백스윙 때와 같은 기울기로 그립과 어깨가 턱 밑으로 회전한다.

> 상체를 앞으로 숙이고 무릎에 탄력을 주듯이 앞으로 조금 내민 다음 두 팔을 스윙 궤도(swing path)대로 회전시킨다.

1 그립은 오른손, 헤드는 왼손에 오도록 클럽을 어깨에 둘러멘다. 상체를 앞으로 숙이고 무릎에 탄력을 주듯이 앞으로 조금 내민 다음 두 팔을 스윙 궤도(swing path)대로 회전시킨다.

Lesson 03 원포인트 클리닉

> 상체를 같은 기울기의 각으로 회전한다.

2 상체를 같은 기울기의 각으로 회전한다.

클럽은 처음과 같은 기울기의 궤도로 회전된다. 앞으로 숙이고 곧게 편다. 왼쪽 어깨로 턱을 감싸듯이 왼쪽 어깨는 턱 밑으로 회전한다. 이때 고개를 너무 숙여서 등이 굽은 모양으로 어드레스 자세를 하는 사람들에게는 턱을 살짝 앞으로 내밀어 보게 하여 등을 펴서 어드레스할 수 있게 하지만, 백스윙을 하는 동안에는 역시 왼쪽 어깨로 턱을 감싸듯이 해 주어야 백스윙에서 꼭 이루어져야 할 충분한 어깨 회전을 부드럽고 자연스럽게 할 수 있다.

> 어깨는 턱 밑으로 되돌아오고, 히프는 상체에 비해 약간 회전된다.

3 어깨는 턱 밑으로 되돌아오고, 히프는 상체에 비해 약간 회전된다.

오른쪽 무릎은 왼쪽 무릎을 향해 되돌아오고, 왼쪽 무릎은 약간 구부려진다. 오른발은 발끝이 들려진다. 이때 반대편에서 왼쪽 어깨를 잡아당기듯 수평으로 이동하면서 회전한다는 느낌으로 이동한다.

펌핑연습을 통한 완벽한 리듬, 타이밍 만들기

∷ 박자에 맞춰 근육을 써라

문제점 아무리 애를 써도 볼을 멀리 보낼 수 없는가? 거리를 내려면 체중이동과 몸의 회전이 조화를 이루어야 하는데, 몸의 각 근육들이 거리를 내는 데 필요한 역할을 충분히 하지 못하여 클럽헤드의 스피드를 가속시키지 못하기 때문이다.

연습방법 하나, 둘, 셋의 리듬으로 근육의 쓰임을 박자에 입력시키는 방법이다. 하나에 하프백스윙을 하고, 둘에 왼쪽 무릎과 히프만 보내며, 셋에 한 번 더 펌핑하듯이 백스윙을 하여 오른쪽 무릎과 팔이 따라가는 느낌으로 스윙한다. 이 연습은 이상적인 골프스윙을 만들기 위해 반드시 필요한 리듬, 타이밍, 템포와 스윙스피드를 높이는 데 필요한 연습방법이며 올바른 스윙궤도를 형성하는 데도 많은 도움이 된다. 본인의 동작을 점검할 수 있는 거울만 있으면 쉽게 스윙교정 할 수 있는 가장 좋은 연습방법이다.

'하나'에 하프백스윙(Half Backswing)

1. 어깨와 몸통은 목표의 반대방향이 되도록 회전하고 왼팔은 지면과 평행이 되도록 하프백스윙을 한다.

백스윙 시 오른 무릎을 향해 회전하는데, 가능하면 왼발의 움직임을 제한한다. 어드레스에서 만들어진 무릎의 간격이 변하지 않고 유지된다. 체중의 대부분(70%)이 오른쪽으로 이동되며, 오른쪽 어깨는 스탠스(stance)의 중간까지 이동된다.

Lesson 03 원포인트 클리닉

> 목표 방향으로 펌핑하듯이 한 번 더 위아래로 이동한다. 이때 하체가 먼저 타겟(target) 방향으로 이동된다.

'둘'에 펌핑(Pumping)

2 아직 코킹이 풀리지 않는다. 조금은 따라 내려오나 아직 다운스윙을 할 의사가 없다. 목표 방향으로 펌핑하듯이 한번 더 위아래로 이동한다. 이때 하체가 먼저 타겟(target) 방향으로 이동된다. 키가 큰 골퍼는 무릎이 먼저 이동되고 보통 체격의 골퍼는 왼쪽 허벅지와 허리가 동시에 이동된다.
머리는 어드레스 시와 같은 위치에 있거나 어드레스 시보다 더 뒤에 위치하는 것이 좋다.

> 하프백스윙의 피니시와 같은 동작으로 대부분의 체중이 왼쪽으로 이동된다.

'셋'에 팔로우스루(Follow Through)

3 어느새 팔과 클럽은 임팩트를 하고 지나간다. 배는 목표 방향을 바라보고 오른 무릎은 왼쪽으로 이동되면서 임팩트-릴리즈-피니시로 연결된다. 대부분의 체중은 왼쪽으로 이동된다.

리듬, 템포, 타이밍

스윙할 때 자신에게 적합한 리듬, 템포, 타이밍이 있다. 이것은 상호 보완적이며 분리되기 어려운 개념이다. 골프스윙은 항상 일정하지 않다. 특히, 골프연습장에서 연습할 때와 실제 코스에서 플레이하는 것과는 차이가 크다. 여러 이유가 있겠지만 그중에서도 리듬, 템포, 타이밍의 문제일 가능성이 크다. 이 세 가지의 개념은 혼동되기 쉽지만 정확히 알면 골프스윙에 많은 도움이 된다.

골프 스윙은 리듬과 템포, 그리고 타이밍으로 이루어진다.

리듬(rhythm)은 셋업부터 피니시까지 골프스윙이 진행되는 동안 스윙의 흐름을 뜻한다. 템포(tempo)는 스윙에 걸리는 시간, 타이밍(timing)은 스윙이 이루어지는 단계에서의 역할로 몸과 클럽(club)의 조화를 의미한다.

리듬, 템포, 타이밍에 영향을 주는 트렌지션(transition)이란 백스윙에서 다운스윙으로 전환되는 동작을 말한다.

:: 리듬 Rhythm

먼저 리듬의 사전적 정의는 규칙적으로 반복되는 움직임이다. 리듬의 언어학적 유래는 'rheein'이며, '흐른다'라는 의미의 유동성을 뜻한다. 골프에서는 박자감 혹은 스윙의 흐름이다.

골프스윙은 박자를 가진 리듬운동이다. 전체적인 스윙 리듬은 골퍼마다 다르겠지만, 백스윙과 다운스윙의 리듬은 같아야 한다. 스윙 리듬은 빠르거나 느릴 수 있으나 규칙적이어야 한다. 골프연습장에서 레슨을 받아본 사람이라면 누구나 '하나-둘-셋-넷'의 스윙인 어드레스(하나)-테이크 어웨이(둘)-톱(셋)-다운스윙(넷)의 원리를 알 것이다. 골프스윙은 이렇게 네 박자의 리듬이며, 퍼팅은 두 박자의 리듬이다. 골프 레슨에서 이 부분을 특히 강조하는 가장 큰 이유는 정확한 리듬을 위해서이다. 프로 골퍼들의 경우 오랜 연습으로 인해 골프스윙의 리듬이 몸에 배어 있다. 하지만 골프를 시작한지 얼마 되지 않는 초급자나 가끔 골프장을 찾는 주말 골퍼의 경우 라운드 중 리듬이 깨지는 경우가 많다. 만약 주위 동반자가 들쭉날쭉한 스윙을 할 때 조용히 옆에서 그 사람의 스윙 패턴을 숫자로 세어보자. 아마도 어떨 때는 하나-둘에 임팩트가, 또 어떨 때는 하나-둘-셋에 임팩트가 이루어질 것이다. 완벽한 리듬 파괴인 것이다. 내 몸에 완전한 리듬이 자리잡기까지는 머릿속에 '하나-둘-셋'을 세어보는 것도 매우 효과적이다.

　일정한 리듬을 유지해야 일관된 스윙이 나올 수 있다. 선수들이 메트로놈(metronome)을 휴대하고 연습하는 이유도 이 때문이다. 메트로놈 박자 간격을 자신에게 맞게 조절해놓고 이에 맞춰 퍼팅, 아이언샷, 드라이버샷을 한다. 항상 같은 리듬으로 볼을 치도록 노력해야 하며, 볼을 치기 전에 빈스윙을 하면서 항상 같은 리듬과 템포를 가지도록 해야 한다.

템포 Tempo

　템포란 움직임의 빠르고 느림을 말한다. 템포는 사람의 근육 특성 및 성격과도 관계가 있다. 템포는 어드레스에서 피니시까지 스윙하는데 걸리는 시간으로 개인의 특성에 따라 다르다. 적정한 템포란 스윙의 적정한 속도를 말한다. 자기 본래의 템포감각을 유지해야 좋은 템포를 가질 수 있다. 스윙의 제어력을 유지하는 핵심은 백스윙에서 다운스윙으로 자연스럽게 방향전환할 수 있는 충분한 시간이 있어야 한다. 스윙에서 템포가 중요한 이유는 템포는 파워보다도 일관성 있는 스윙을 유지할 수 있도록 해주기 때문이다.

　보통 다운스윙 속도가 백스윙보다 빠르다. 그래야 비거리를 더 낼 수 있다. 느릴 때는 느리고 빠를 때는 빨라야 하는 것이다. 이는 그립의 악력으로 조절되는 것이 아니라 골퍼의 특성에 따라 결정된다. 템포가 느린 사람이 있고, 빠른 사람이 있다. 보통 남성 프로골퍼는 1.8초 이내, 여성은 2초 이내이다. 템포는 좋고 나쁜 것이 없다.

나만의 템포를 유지하는 것이 중요하다. 템포는 스윙하는 데 걸리는 시간을 말하고 리듬은 어드레스부터 백스윙, 임팩트, 피니시로 이어지는 각 동작의 규칙적인 조화를 말한다. 그렇기 때문에 스윙할 때 본인에게 맞는 빠르기로 일관된 리듬을 갖도록 연습해야 한다.

사람마다 고유의 템포가 있는데 그 템포가 깨지면 시간적 순서에 따라 동작이 이루어져야 하는 리듬이 깨질 수 있고 이것이 타이밍의 문제로 이어진다.

타이밍 Timing

타이밍이란 신체가 움직이는 동작의 순서로, 스윙에서 가장 중요하다. 신체 분절의 움직임 순서가 시간에 맞추어 진행될 때 각각의 동작들이 지니는 힘의 총합이 생성된다. 만약 각 분절의 움직이는 순서가 맞지 않고 다르게 진행되면 신체 관절의 연결시스템이 바르지 않게 된다.

골프스윙은 연결동작이므로 어드레스에서 피니시까지 멈추지 않고 물 흐르듯 연결되어야 한다. 일반 골퍼들은 골프에서 '타이밍'의 참뜻을 잘 이해하지 못하는데 골프 샷에서 가장 중요한 것 중 하나가 이 부분이다. 타이밍은 우리가 흔히 생각하는 스윙의 빠르고 느린 템포나 리듬과는 조금 다른 의미를 가진다. 스윙의 템포나 리듬이 타이밍에 영향을 주기는 하지만 템포나 리듬이 안 좋아도 타이밍은 좋을 수 있기 때문이다. 좋은 타이밍은 백스윙 때 손-팔-어깨-몸통-히프-무릎-발의 순서로 이루어지며, 다운스윙은 정확히 백스윙의 역순으로 이루어져야 한다. 이때 각 신체부위가 모두 함께 움직이는 것 같은 느낌으로 부드럽게 가져가야 한다. 다시 말해 팔과 클럽을 연결한 부분이 몸통의 회전과 얼마나 잘 조화롭게 연결되었느냐가 중요한 요인이 되는 것이다. 그래야만 임팩트의 순간에 올바른 스윙 궤도가 만들어져 볼이 클럽페이스 정중앙에 맞아 좋은 타이밍을 만들 수 있다. 요즈음 스윙 분석에서 많이 사용하는 충돌계수(smash factor)와 가장 관계있는 골프 기술이라 할 수 있다.

백스윙 때 하체나 엉덩이를 팔이나 어깨보다 먼저 회전하거나, 다운스윙 때 팔을 먼저 쓰면 좋은 타이밍이 나올 수 없다. 타이밍을 잃게 되면 힘을 발휘하지 못하여 거리를 내지 못할 뿐만 아니라, 스윙 궤도 역시 바뀌어서 볼의 방향성도 좋지 않게 된다. 리듬, 템포, 타이밍 중에서도 타이밍(움직이는 순서)을 우선적으로 고려해야 한다. 골프스윙은 타이밍과의 싸움이다.

08. 아이언과 우드의 스윙은 같다

∷ 아이언과 우드, 스윙 방법과 궤도는 항상 일정하다

문제점 아이언과 우드의 스윙을 다르게 하는가? 만일 혼란스럽다면 샷의 결과도 혼란스러워질 것이다.

연습방법 드라이버와 아이언 7번 클럽을 거꾸로 동시에 잡고 셋업을 한 후 백스윙을 하면서 두 클럽의 스윙 궤도를 추적해본다. 같은 셋업 자세이지만 서로 다른 위치에서 시작된 두 클럽의 스윙은 하프백스윙에서 서로 일치되고 톱에서 드라이버의 스윙 크기가 조금 커질 뿐 스윙 방법과 궤도는 같다.

※ 대부분의 골퍼들은 아이언샷은 찍어치는 다운블로샷(down blow shot), 우드샷은 쓸어치는 어센딩블로샷(ascending blow shot)으로 구분하여 스윙하는 것으로 인식하고 있다. 이렇게 서로 다른 임팩트 방법으로 스윙하면 스윙의 궤도 및 방법이 달라져 스윙 시 혼란을 초래하게 된다.

아이언과 우드는 헤드의 모양과 길이 차이일뿐 스윙과 스윙 궤도에 대한 일관성은 변함이 없어야 한다. 우드샷의 스윙 궤도는 아이언샷에 비해 완만하기 때문에 골퍼가 쓸어친다는 느낌을 갖는 것으로 스윙 궤도는 모든 클럽을 사용할 때 일관성이 있어야 한다. 이러한 문제점을 해결하려면 자신의 스윙 궤도를 확인해 볼 수 있어야 한다.

> 클럽별로 스윙할 때 롱아이언이나 우드는 스윙을 더 크게 해야 한다는 고정관념을 버리자.

어드레스

1. 드라이버를 아이언 7번과 같이 그립하여 셋업을 해본다.

어드레스에서 두 클럽의 길이 차이로 놓이는 위치만 다를 뿐 셋업 자세는 같다.

하프백스윙

2. 두 클럽(아이언 7번, 드라이버)이 서로 일치하는 위치에 있다. 즉 같은 스윙 궤도로 올라간다는 뜻이다.

> 백스윙 톱에서 7번 아이언이나 드라이버 스윙 시 몸이 움직이는 크기나 궤도는 같다.

백스윙 톱

3. 백스윙 톱에서 아이언 7번보다 드라이버만 조금 크게 스윙됐을 뿐 몸이 움직이는 크기나 궤도는 마찬가지이다. 클럽별로 스윙할 때 롱아이언이나 우드는 스윙을 더 크게 해야 한다는 고정 관념을 버리자.

09. 체중이동과 스웨이

:: 스웨이(sway)를 교정하면 비거리가 회복된다

문제점 백스윙 때 체중이 오른발 안쪽으로 실리는가? 아니면 바깥쪽으로 실리는가? 만일 후자의 경우라면 스웨이를 의심해 봐야 한다. 다리와 무릎 동작이 잘못되어 몸통의 코일이 만들어지지 않고 그저 옆으로만 움직여 흔들리는 몸동작이 일어나게 될 때, 이를 바로 스웨이 현상이라고 한다. 스웨이의 원인은 상체부터 회전하면서 백스윙을 하지 못하고 하체부터 오른쪽으로 밀리면서 이동하기 때문에 발생한다(사진 ❶). 스웨이가 의심되면 오른쪽으로 기둥이나 골프백을 세워 두고 5~10cm 정도 히프가 떨어지게 어드레스를 취한 후 백스윙을 한다. 이때 히프의 오른쪽이 기둥에 닿게 되면 스웨이가 되는 것이다. 스웨이가 되면 스웨이 된 만큼 어깨가 회전해서 만들어내는 파워가 손실되기 때문에 비거리가 급격히 줄어들고 결과적으로 충분한 어깨회전을 필요로 하는 롱아이언이나 우드샷은 상대적으로 구사하기 힘들어진다.

연습방법
① 기둥 옆에 5~10cm 떨어져 백스윙을 반복하면서 히프가 기둥에 닿지 않게 연습한다.
② 사진 ❷처럼 양발을 붙이고 백스윙을 하면 몸의 움직임이 쉬워져서 스웨이가 되지 않고 스윙할 수 있다.
③ 힙이 높은 의자에 걸터앉은 것처럼 어드레스를 취하고 뒤에서 슬쩍 밀어도 버틸 수 있을 만큼 하체를 견고하게 지면에 밀착시킨다.
④ 사진 ❸처럼 오른발 앞쪽 부분을 안쪽으로 돌려놓고 백스윙 연습을 한다. 또는 오른발 바깥쪽 부분에 골프공이나 도어 웨지(door wedge), 아이언의 그립부분을 끼워 놓고 연습을 한다.

균형을 갖춘 체중이동

다운스윙(down swing) 때 체중이 왼쪽으로 제때 옮겨지지 않아 고민하는 골퍼들이 많다. 체중이동을 가장 쉽게 할 수 있는 방법은 다운스윙 때 벨트 가운데 장식을 목표방향으로 밀어주는 것이다. 이는 우리 몸의 중심이 배꼽 부분에 있으므로 배꼽을 목표쪽으로 밀어주면 체중이동은 아주 쉽게 이루어진다는 말이다. 다운스윙의 시작을 두고 많은 전문가들이 지적하듯이 체중이동은 "왼쪽 히프가 먼저 빠져나가야 한다(clear the hit)."는 표현과 비슷하다. 그러나 체력이 좋고 하체가 발달한 골퍼들은 양발과 무릎을 목표 방향으로 밀어주는 것이 가장 적극적인 체중이동 요령이며, 그 다음은 무릎을 이동시켜 주는 방법, 가장 소극적인 방법으로 배꼽이나 버클을 목표방향으로 밀어주는 방법이 있다. 특히, 근력이 약한 골퍼들에게는 배꼽을 밀어주는 것이 가장 효과적인 방법임을 알아야 한다.

균형을 갖춘 체중이동은 스윙에서 매우 중요하다. 체중이동이 거리를 내는 데 결정적인 역할을 하지만 균형을 잃은 체중이동은 경기를 망친다.

골프의 균형은 스탠스(stance)에서부터 시작된다. 볼을 치기 전에 발, 무릎, 엉덩이, 어깨가 원칙대로 자세를 취하고 있는지 점검해야 한다. 이러한 균형은 어드레스 백스윙, 팔로우스윙의 마지막까지 연결된다.

어드레스(address)

1 발, 무릎, 엉덩이 그리고 어깨 등이 어드레스에서 각자 균형을 잘 잡아주어야 한다. 여기서 중요한 것은 클럽이 숏아이언일 경우 왼발에 55%~60% 몸무게를 배분하는 것이 좋고, 3번 우드나 드라이버의 경우는 오른발에 55% 정도의 몸무게를 싣는 것이 좋다.

> 백스윙 시 어깨를 충분히 회전하기 위해서는 골반의 회전이 먼저 이루어져야 한다.

백스윙(back swing)

2 오른발, 무릎, 엉덩이, 어깨 그리고 머리가 수직선상에 있고 체중이 오른발에 실린다. 백스윙 시 주의해야 할 문제점은 오른발 쪽으로 체중이동 시 하체를 버텨 주는 다리나 무릎의 움직임이 많아지면 스웨이 현상이 일어난다. 백스윙 시 하체의 균형도 중요하지만 어깨를 충분히 회전하기 위해서는 골반의 회전이 먼저 이루어져야 한다. 백스윙에서 30% 정도의 체중을 왼발에 남겨 놓는 이유는 다운스윙 시 그 힘을 바탕으로 다이나믹한 움직임을 시작할 수 있기 때문이다.

70%　　30%

> 피니시 시 체중의 90% 이상 왼발로 이동 될 수 있도록 연습한다.

피니시(finish)

3 체중이 왼쪽으로 옮겨지며 왼발, 무릎, 엉덩이, 어깨, 머리가 수직선상에 놓이며 왼발로 균형을 유지한다. 이때 의식적으로 체중을 왼발에 실어주려고 해도 좋다. 오른발을 들었을 때에도 체중의 90% 이상 왼발로 이동 될 수 있도록 연습한다.

10%　　90%

Lesson 03 **원포인트 클리닉**

사진 ❶처럼 의식적으로 다운스윙 때 볼을 띄워 올려치려고 하는 동작을 취하기 때문에 오른쪽 어깨가 지면 쪽으로 떨어지게 되어 오른발이 눌려서 체중이동이 전혀 이루어지지 않는다. 다운스윙 때 오른쪽 어깨가 떨어지는 동작은 체중이동을 불가능하게 한다. 이는 사진 ❷와 같이 오른 팔꿈치를 겨드랑이에 붙여서 하는 다운스윙 때문이다. 다운스윙 시 코킹을 유지하고 스윙궤도를 좋게 하는 연습방법으로 팔꿈치를 겨드랑이에 붙여서 다운스윙을 리드하게 되면 골프스윙의 가장 큰 흐름인 체중이동을 방해할 뿐 아니라 토핑성 타구를 유발시키는 원인이 된다.

이상적인 다운스윙은 사진 ❸처럼 오른쪽 어깨는 하늘로 살짝 올라가고 왼쪽 어깨는 반대로 내려가는 듯한 동작으로 볼을 찍어 치는 자세이어야 한다. 이같은 자세를 취해야 왼발로 체중이 자연스럽게 옮겨지면서 바른 다운스윙이 시작된다. 이 부분이 다운스윙 시 체중이동의 핵심이라 할 수 있다. 아이언이나 칩 샷 등의 경우는 다운스윙 시 오른쪽 어깨가 조금 더 위로 올라가면서 볼을 찍어 치는 듯한 느낌이 들어야 체중이 왼발로 가면서 다운블로(down blow)의 이상적인 임팩트(impact)가 가능해진다.

체중이동 연습 방법 Baseball Batter's Drill

연습장에서 쉽게 할 수 있는 방법으로 Baseball Batter's Drill이 있다. 스윙 단계별로 발을 옮겨가면서 하는 이 방법을 꾸준히 연습하다보면 프로선수와 같이 부드러우면서도 파워풀한 스윙을 만들어갈 수 있다. 올드스타 게리 플레이어처럼 샷을 한 다음 타겟 방향으로 발을 옮기는 것도 체중이동의 한 방법이다.

1. 평소처럼 정확하게 어드레스 자세를 취한다.

2, 3. 어드레스 자세에서 왼발을 오른쪽으로 옮겨 양발을 모은다. 체중이 오른쪽으로 옮겨감을 느낄 수 있을 것이다. 양발을 모은 자세에서 백스윙을 한다.

4. 왼발을 정상적인 어드레스 위치로 옮겨가면서 다운스윙을 시작한다.

5. 체중은 자연스럽게 왼발로 따라가고 모든 체중이 왼쪽으로 옮겨진다.

주시의 원리를 이용하라

∷ 주시 eye dominance

퍼팅 스트로크(putting stroke)를 할 때 볼의 초점이 흔들리거나 머리를 움직여 정확한 스위트 스팟(sweet spot)에 볼을 맞히지 못하는가? 양쪽 눈 중 주시의 눈으로 볼을 보지 않고 퍼팅하기 때문이다. 아마추어 골퍼들의 절반 이상은 방향을 잘못 보고 스윙을 한다. 연습장에서는 라인이 있으니 항상 똑바로 잘 가는데 코스만 나오면 볼이 원하는 곳으로 안 가고 마음대로 가는 경우가 많다. 그 이유는 표적을 향해 볼과 클럽을 90°(직각)로 제대로 정렬하지 못하기 때문이다. 보통 아마추어들은 두 눈으로 표적을 본 후 볼을 보고 스윙하는데, 이렇게 하면 정확한 정렬이 되지 않는다. 어느 눈으로 표적을 겨냥하느냐에 따라 볼의 방향은 크게 달라진다. 잘 쓰는 손에 따라 오른손잡이와 왼손잡이가 있듯 눈도 골퍼에 따라 주로 사용하는 쪽이 다르다. 사물의 위치를 파악하는데 한쪽 눈이 다른쪽 눈보다 더 주도적인 역할을 한다. 표적을 보고 겨냥하는 눈을 주시 또는 우위안, 그렇지 않은 눈을 보조시라고 한다.

주시 확인방법

1. 메모지를 두 번 접어 모퉁이를 손톱보다 작게 떼어내고 메모지를 펼쳤을 때 가운데 조그만한 구멍이 생긴다. 이 구멍을 통해서 팔을 펼친 상태로 5m쯤 전방의 한 점을 보게 되는데 바로 그 눈이 주시이다.

또한, 양손 엄지와 검지를 맞붙여 삼각형을 만든다. 다음 멀리 보이는 표적을 삼각형 안에 넣는다. 조금씩 삼각형을 좁히고 난 다음 한쪽 눈씩 번갈아 감아 보자. 분명 한쪽 눈에만 그 물체가 보이는데, 보이는 눈이 내 주시가 된다. 여러 번 하고 다음 날 해도 항상 결과는 똑같으니 한 번만 테스트해 보기를 바란다.

:: 주시에 따라 얼라이먼트 및 볼 위치 변경

오른쪽 눈이 주시인 경우는 오른손으로 클럽을 잡고 오른쪽 어깨로 타깃을 맞춘다. 다리를 모으고 클럽페이스가 타깃을 향하게 한다. 이때 똑바로 서지 말고 어드레스할 때처럼 약간 숙인다. 클럽페이스가 타깃을 향했으면 양발을 클럽페이스와 직각이 되도록 하면서 넓게 선다.

반대로 왼쪽 눈이 주시인 경우는 양손으로 클럽을 잡은 뒤 왼쪽 어깨로 타깃을 맞춘다. 또한, 양발을 모으는데 왼발이 오른발보다 앞에 있도록 한다. 클럽페이스가 타깃을 향하게 한 후 양발을 넓게 벌리고 선다. 볼을 치고 나서 눈이 타깃의 왼쪽을 보면 상체 축이 일어나 왼쪽으로 당기게 되고 반대로 타깃의 오른쪽을 보면 상체 축이 아래로 내려가 뒷땅을 치거나 푸쉬성 구질이 나올 수 있으니 주의해야 한다.

퍼팅도 주시에 따라 공 위치가 달라진다. 퍼팅에서 볼의 위치는 원래 양발 가운데에서 공 하나 정도 왼쪽이 좋다. 만약 왼쪽 눈이 주시이면 공 위치는 왼발 뒤꿈치에 두고 오른쪽 눈이 주시이면 공 위치는 스탠스 중앙으로 이동하는 것이 좋다. 다시 말하면, 우측 눈이 주시이면 우측으로, 왼쪽 눈이 주시이면 왼쪽으로 볼 위치를 이동하는 것이 이상적이다.

처음에는 번거롭기도 하고 잘 되기도 안되기도 하겠지만 익숙해지면 방향 서기가 훨씬 쉬워질 것이다. 얼라이먼트(alignment)가 잘 되었는지 샷을 하고 나서 움직이지 말고 발가락 앞쪽에 클럽을 놓아보자. 볼 뒤쪽으로 와서 샤프트 방향과 볼 방향이 평행이 되도록 한 다음 볼 방향이 타깃과 맞는지 확인해 본다. 주시는 보조시보다 14~21/1000초 더 빠르게 외부 정보를 처리하는 것으로 알려져 있다.

골프중계를 보면 선수가 샷을 하기 전 어드레스 자세를 취할 때 캐디가 얼라이먼트가 끝날 때까지 선수의 뒤에서 방향에 도움을 주는 것(사진 ❷)은 주시가 있는 선수의 경우이고, 선수가 어드레스 자세를 취할 때 선수에게 일임하고 일체 도움을 주지 않는 것은 주시가 없는 선수의 경우이다.

2019년부터는 주시가 있는 선수는 그림처럼 캐디의 도움을 받지 못하기 때문에 주시를 극복하는 연습은 더욱 중요해졌다.

12. 루틴, 왜글, 트리거 ROUTINE, WAGGLE, TRIGGER

∷ 루틴 Routine

일반적으로 루틴(routine)이라는 용어는 특정한 작업을 실행하기 위한 일련의 명령으로, 프로그램의 일부 혹은 전부를 이르는 경우에 사용한다. 스포츠에서 루틴(routine)이란 선수들이 최상의 운동수행을 발휘하는데 필요한 이상적인 상태를 갖추기 위해 자신만의 고유한 동작이나 절차를 가지는 것을 말한다. 야구 선수들은 타격 자세를 취하기 전에 일정한 형태의 예비 동작들을 취하는데, 방망이를 크게 한 번 휘두르거나 어깨 부분을 한 번 만지고 나서 타격 자세를 취한다. 이것은 그 선수가 자신의 최상 수행을 위하여 몸에 기억해 둔 감각을 이끌어 내는 일련의 동작이라고 할 수 있다. 또한, 농구 선수가 자유투를 쏘려고 할 때 공을 바닥에 5번 튀기거나 한 번 빙그르르 돌려서 잡거나, 무릎을 2번 정도 구부려 주다가 슛을 쏘는데, 이것 역시 루틴이라고 할 수 있다. 자신이 연습 상황에서 했던 그대로의 루틴을 지키기만 한다면 압박감이나 긴장감을 느끼지 않고 실제 상황에서도 수행을 할 수 있을 것이다.

골프에서 루틴은 샷을 하기 전의 모든 준비동작이나 사전행동이라 정의할 수 있다. 천재 골퍼 타이거 우즈를 비롯한 많은 선수들이 훌륭한 성적을 올리는 이유는 언제나 같은 루틴을 따르기 때문이다. 타이거 우즈는 "나의 루틴은 결코 변하지 않는 나만의 유일한 것이다. 그것은 내가 최상의 샷을 할 준비가 된 상태에서 매 순간 평정심을 유지할 수 있도록 한다."라고 하여 루틴의 중요성을 강조하였다. 루틴을 지키게 되면 시합의 심리적 불안감을 극복하고 경기에만 집중할 수 있어 더욱 효율적으로 일관성 있는 결과를 만들어 낼 수 있다. 골프에서 루틴은 왜글, 트리거를 포함하여 최상의 경기력을 발휘하기 위한 개인의 고유 동작이나 절차이다.

골퍼가 샷하기 전 시간을 끌면서 지나치게 루틴에 집중하면 오히려 샷에 집중력을 떨어뜨리고 루틴 자체에 집중하는 오류를 범할 수 있다.

골프에서의 루틴에는 샷을 하기 전의 프리 샷 루틴(pre-shot-routine), 시합(게임)하기 전의 프리 게임 루틴(pre-game-routine), 라운드하기 전의 프리 라운드 루틴(pre-round-routine) 등이 있다. 톱프로나 선수마다 루틴이 조금씩 다르지만, 매 샷마다 습관적으로 행하는 것은 샷의 결과를 좋게 하고 실수를 최대한 줄이기 위함이다.

왜글 Waggle

왜글(waggle)이란 스윙 전에 클럽헤드의 무게를 느끼고 손목의 힘을 풀기 위해 손목을 좌·우로 또는 위·아래로 흔들어주는 동작을 말한다. 왜글은 어드레스에서 볼에 정신을 집중시키고 스윙에서의 리듬(rhythm)과 타이밍(timing)을 좋게 하는 중요한 시작이다.

일반적으로 손목을 움직여 클럽헤드가 볼 뒤 약 30~50cm를 왔다 갔다 하는 방법, 클럽을 위아래로 들어올리는 방법, 몸을 좌우로 흔들거나 양발의 스텝을 밟는 방법 등이 있다.

트리거 Trigger

트리거(trigger)는 총의 방아쇠를 뜻하는 사격 용어로써, 어떤 사건을 유발한 계기나 도화선을 의미한다. 비정현파와 그 밖의 특수 파형 발진기에 가하여 그 발진기 특유의 파형을 발생시키는 데 필요한 가동 신호를 의미하기도 한다.

골프에서는 어드레스 셋업 시 몸과 클럽이 정지상태에서 본인도 모르게 긴장하거나 몸에 힘이 들어가 굳어지다보면 부드러운 백스윙을 진행시키지 못하기 때문에 스윙 전에 몸을 약간 움직여 긴장을 풀어주고 백스윙을 부드럽게 진행시키기 위한 촉매제 역할을 한다. 일반적으로 오른쪽 무릎을 타깃 방향으로 약간 움직였다가 백스윙 순간 원위치로 돌리는 방법, 그립을 잡은 손을 타깃 방향으로 약간 움직였다 반대로 백스윙하는 방법, 히프를 왼쪽으로 움직였다가 백스윙하는 순간 원위치로 돌리는 방법 등이 있다.

왜글과 트리거는 스윙 전에 몸에 힘이 들어가는 것을 방지하고 긴장을 풀어주는 계기를 만들어 주며, 부드러운 스윙을 만들 수 있는 스윙의 촉매제와 윤활유 역할을 한다. 왜글과 트리거를 함께 구분 없이도 사용하며, 상호 밀접하게 연결된 동작이다. 다시 말하면 왜글과 트리거 동작을 동시에 조화롭게 연결해야 좋은 스윙을 할 수 있다.

짧고 강하게 SHORT AND TIGHT

요즘 선수들에게는 백스윙 톱에서 샤프트가 수평에 못 미치는 짧은 백스윙이 대세지만, 파워는 그 어느 때보다 강하다.

정확하게 몸을 회전하는 백스윙을 하지 못한다면 스코어 향상은 요원한 꿈에 불과하다. 투어선수들이 다운스윙하는 것을 보면서 어떻게 그렇게 볼을 멀리까지 보낼 수 있는지 궁금하다면, 그 비결은 백스윙에서 몸을 아주 타이트하게 감아주는 데 있다. 고무줄이라고 생각하면 이해하기 쉬울 것이다. 선수들은 백스윙할 때 몸을 팽팽하게 잡아당기고, 왼쪽 어깨가 턱에 도달했다고 느끼는 순간 고무줄을 풀어주기 때문에 긴 백스윙을 하지 않으면서도 강력한 장타를 구사할 수 있다.

요즘 투어선수들은 그 어느 때보다 유연성이 뛰어나기 때문에 지나치게 긴 백스윙을 하지 않더라도 고무줄을 최대한 길게 늘일 수 있다. 제이슨 데이(Jason Day)나 아담 스콧(Adam Scott), 그리고 세르히오 가르시아(Sergio Garcia)나 브룩스 켑카(Brooks Koepka) 같은 선수들은 수평에 못 미쳐서 백스윙을 멈추는 것이 확연한데도 몸을 굉장히 타이트하게 감아주기 때문에 긴 샷 거리를 낼 수 있다. 이렇듯 샷에 파워를 실어주기 위해서는 가슴을 더 많이 회전하고 팔의 스윙을 줄여서 몸을 더 많이 감아줄 필요가 있다. 이런 스윙을 연습하는 좋은 방법은 헤드가 가슴 한복판에 밀착되어 있고 볼이 가슴 높이에 있다고 상상한 다음, 가슴의 회전을 이용해 볼을 때려낸다고 생각하는 것이다. 가슴의 회전에 초점을 맞추고 팔은 그냥 몸을 따라 움직인다고 생각하자. 누구나 충분한 파워가 발생할 만큼 가슴을 멀리 회전하기 위해 엉덩이를 회전해야 하는 순간에 도달하게 된다. 그러나 그것은 아무 문제가 되지 않는다. 프로들처럼 상체와 하체를 분리할 수 없다면 억지로 시도할 필요가 없다. 가슴을 덜 회전하는 것보다는 모든 것을 더 많이 회전하는 경우 더 좋은 결과를 얻게 될 것이다. 가장 쉬운 방법은 바지 왼쪽 앞주머니 징이 볼 뒤까지 가도록 백스윙하고, 다운스윙에서는 오른쪽 앞주머니 징이 볼 앞으로 나가게 하는 방법이다.

안신애 프로

다양한 바운스를 갖자 BOUNCE

골프를 전공하는 많은 선수들은 우드 클럽에 많은 관심을 집중한다. 각 클럽의 샷 거리를 정확하게 알고 있을 뿐만 아니라 클럽의 핵심적인 스펙에 대해서도 많이 알고 있다. 또 웨지에 대해서는 탄도와 백스핀 성능을 파악하고 있고 각 모델의 로프트도 알고 있다. 하지만 바운스에 대해 물어보면 침묵이 흐르는 경우가 대부분이다.

웨지(wedge)의 바운스를 다양하게 구성하는 것은 매우 중요하며, 최소한 바운스를 가장 낮은 것과 가장 높은 것을 구분해서 사용할 수 있어야 한다. 웨지 스윙이 아무리 완벽하더라도 각 클럽이 임팩트 때 잔디나 모래, 물 또는 그 밖의 장소에 볼이 놓이게 되는 다양한 환경에 반응하는 방식을 결정하는 것은 궁극적으로 바운스이기 때문이다. 웨지의 바운스는 스윙의 공격 각도만큼 중요하다. 임팩트 구간에서 속도를 유지할지, 아니면 그라운드를 파고 들어가면서 속도를 떨어뜨릴지를 결정하는 요소이기 때문이다.

예를 들어 볼이 단단하고 젖은 모래 위에 놓여 있다고 가정해보자. 이때 바운스가 높은 샌드웨지(sand wedge)로 샷할 경우 벙커에서 빠져나오기가 쉽지 않을 것이다. 하지만 이런 라이에서는 바운스가 낮은 웨지가 더 적합하다는 사실을 알고 있다면 이런 라이에서 파세이브 할 확률이 더 높아진다. 반면 부드러운 모래에서 샷할 때는 정반대의 전략이 요구된다. 이때는 바운스가 높아야 리딩웨지가 모래를 미끄러지듯 통과하는 데 도움이 되기 때문이다. 몇 분의 시간을 할애해서 가지고 있는 웨지의 바운스 각을 확인해보자. 예를 들어 헤드에 새겨져 있는 55-12는 로프트가 55°이고, 바운스가 12°라는 뜻이다. 클럽에 바운스 각이 찍혀있지 않다면 피팅 전문가에게 도움을 청하면 확인할 수 있다.

중요한 것은 웨지의 바운스 정도가 코스에서 접하게 되는 다양한 상황에 대응할 만큼 넓은지 확인하는 것이다. 로프트와 별도로 웨지는 낮은 바운스, 중간 바운스 그리고 높은 바운스로 구성할 필요가 있다. 완벽한 웨지 세트는 각 클럽 사이의 로프트 간격이 4-5°이고 바운스 각의 폭이 일반적으로 플레이하는 모든 상황에 대처할 정도가 되어야 한다. 현재의 웨지 구성이 이런 조건에 부합하지 못한다면 플레이를 할 때마다 스스로 게임을 더 어렵게 만들 수 있다.

바운스를 이용한 벙커샷

바운스를 이용한 웨지샷

Lesson 03 원포인트 클리닉

〈 T사 웨지 바운스 〉

로프트	라이각	바운스	길이	스윙웨이트
46°	64°	8°	35.75″	D3
48°	64°	6°	35.75″	D3
48°	64°	10°	35.75″	D3
50°	64°	8°	35.50″	D3
50°	64°	12°	35.50″	D3
52°	64°	8°	35.50″	D3
52°	64°	12°	35.50″	D3
54°	64°	8°	35.25″	D5
54°	64°	11°	35.25″	D5
54°	64°	14°	35.25″	D5
56°	64°	8°	35.25″	D5
56°	64°	11°	35.25″	D5
56°	64°	14°	35.25″	D5
58°	64°	6°	35.00″	D5
58°	64°	9°	35.00″	D5
58°	64°	12°	35.00″	D5
60°	64°	4°	35.00″	D5
60°	64°	7°	35.00″	D5
60°	64°	10°	35.00″	D5
62°	64°	7°	34.75″	D5
64°	64°	7°	34.75″	D5

스윙교정의 새로운 트랜드
– 피지컬 테스트를 통한 스윙교정

그동안의 레슨이 '동작분석' 중심이었다면, 동작과 그 동작을 가능하게 하는 '신체(body)'로 그 대상범위를 넓힌 것이라고 할 수 있다. 이전까지는 특정 동작을 못하는 것을 이해도가 부족하거나 연습부족 정도로 규정했지만, 여기서는 신체가 가지고 있는 각종 제한까지 들여다 보면서 더욱 근본적인 문제에 접근하고자 한다.

먼저 골퍼의 스윙을 살펴본 후 문제점을 찾아내고, 스윙 문제를 유발하는 신체의 제한을 예를 들면 TPI(Titleist Performance Institute) 방식의 피지컬 테스트를 통해 알아낸다(1단계). 치료가 필요한 곳은 TPI 실무자가 담당(2단계)하고, 신체단련이 필요하다고 판단되면 트레이너에게 골프 컨디셔닝(3단계)을 받게 한다.

다운스윙의 순서가 맞지 않다면?

1단계 : 스윙분석(Swing Analysis)

다운스윙의 궤도가 아웃-인으로 이루어진다.

2단계 : 피지컬 테스트(Physical Test)

CAUSE 상·하체를 서로 분리해 움직일 수 있어야만, 골반이 먼저 다운스윙을 리드할 수 있게 된다. 하체의 자유로운 회전이 일어나지 못한다면, 클럽이 바깥에서 안쪽으로 내려오는 오버더톱의 스윙이 나타난다.

ANALYSIS 골반회전 검사를 하는 동안 상체의 과도한 움직임이 보였다. 상체를 움직이지 않고, 하체만 분리해 움직이는 동작이 매우 어려웠다. 상체와 하체의 분리가 일어나지 않는 이유는 흉추회전의 제한, 상체를 안정적으로 유지하는 코어의 부족 그리고 약한 하체 등이다.

3단계 : 결과(Result)

GOLF CONDITIONING 하체 안정성의 문제라는 검사 결과가 나왔다. 따라서 하체를 강화하는 것은 물론, 상체를 고정한 상태에서 하체를 활발하게 움직이게 하는 운동을 추천한다.

① 힙 트위스트
② 메디신볼 체인지
③ 스토크 턴

SWING DRILL 방향바꾸기 스텝, 셋업에서 다리를 모은다. 백스윙하는 동시에 타깃 쪽으로 내딛으며 이어서 클럽을 스윙하도록 한다. 다운스윙을 시작할 때 하체로 스윙의 움직임이 일어나도록 훈련하는 좋은 방법이다.

∷ Total Solution

티칭
1 다운스윙 때 하체로 리드하는 방향바꾸기 스텝 제안, 결국은 신체의 문제

메디컬
2 몸통 회전과 골반 회전을 강조한 기능적 스트레칭 처방

컨디셔닝
3 골반 회전, 상·하체 분리를 위한 효율적 운동 제안

빈스윙을 통한 스윙교정

빈스윙의 효과 골프스윙 교정방법은 다양하지만 그 중 가장 효과적인 방법이 빈스윙을 통한 교정방법이다. 이 방법은 스윙 교정방법으로 스윙교정 및 동작완성에 탁월한 효과가 입증되었다. 볼을 직접 컨택하지 않기 때문에 스윙교정이 쉬우며 단계별 스윙교정이 가능하기에 효과적이다. 반대스윙을 통한 스윙 시 반대쪽 근육을 강화시켜 부상방지 및 신체의 균형을 유지하여 정확한 스윙을 가능케 한다.

양발을 붙이고 연습하면 골프스윙의 많은 부분을 스스로 깨달을 수 있으며 힘으로 볼을 치는게 아니라 클럽헤드 무게를 이용하여 스윙하고, 중심이 잡힌 상태에서 양팔을 뿌려준다. 왼발을 버티면서 클럽을 던지는 감을 잡을 수 있고, 인사이드 아웃(inside-out)스윙 개념을 알 수 있고 풀스윙으로 클럽을 힘 있게 뿌릴 수 있어 클럽헤드 속도 증가에도 효과적이다.

왼손스윙

연습방법
- 왼손으로 클럽을 잡고 오른손은 뒤로한 상태로 스윙한다.
- 풀스윙하기보다 하프스윙 정도 크기의 백스윙을 하고 몸을 충분히 회전할 수 있

도록 연습한다.
- 사진에서처럼 임팩트 연습기를 사용하면 리듬과 템포 연습에도 효과적이다.
- 백스윙 시 어깨가 스탠스의 중앙까지 회전할 수 있도록 연습한다.
- 다운스윙 시 하체를 먼저 리드하는 연습에 집중한다.

> 효과

- 왼손스윙 연습을 통해 스윙에 대한 감각을 향상시킨다.
- 풀스윙 시 왼손의 역할을 자연스럽게 인지하고 숙달함으로써 정확한 풀스윙 동작을 완성하는 데 도움을 준다.

오른손스윙

> 연습방법

- 왼손을 뒤로 하거나 왼손으로 오른손의 상완부위나 오른쪽 어깨를 가볍게 잡고 스윙하여 백스윙 시 왼쪽 어깨의 회전에 도움을 준다.
- 백스윙 톱에서 오른 팔꿈치가 몸안에서 이탈되지 않도록 스윙한다.
- 백스윙 시 팔로만 스윙하지 말고 아래 사진처럼 골반도 회전하여 몸통의 회전에 도움을 주도록 한다.

> 효과

- 오른손스윙 연습을 통해 스윙에 대한 감각을 향상시킨다.
- 풀스윙 시 오른손의 역할을 자연스럽게 인지하고 숙달함으로써 정확한 풀스윙 동작을 완성하는 데 도움을 준다.

반대스윙

연습방법
- 그립도 왼손잡이처럼 반대로 그립하고 연속동작으로 스윙한다.
- 아래의 사진처럼 거울을 보면서 반대쪽 손, 상체, 하체의 움직임을 숙달시킨다.

효과
- 스윙 시 사용하지 않는 반대쪽 근육을 강화시킨다.
- 반대쪽 근육을 강화시켜 부상방지 및 신체의 균형을 유지하여 정확한 스윙을 가능케 한다.
- 반대쪽 근육의 강화로 실제 스윙에서 비거리의 증대를 기대할 수 있다.

풀스윙

연습방법
- 연속동작으로 어드레스에서 피니시까지 반복해서 스윙한다.
- 4번째까지 하프스윙으로 하고 마지막 5번째 풀스윙하면서 피니시에서 정지하거나 9번째까지 하프스윙으로 하고 마지막 10번째 풀스윙하면서 피니시에서 정지한다.
- 무거운 스윙보조기구와 가벼운 클럽을 상황에 따라 이용하면 더 좋은 효과를 얻을 수 있다. 무거운 클럽을 들었을 때에는 연습스윙을 20회 정도 느린 스피드로 스윙하면 파워향상에도 도움이 된다. 가벼운 클럽은 50회정도 반복하여 좀 더 빠른 스피드로 스윙한다.

Lesson 03 원포인트 클리닉

효과

- 반복적인 스윙동작을 통해 스윙 감각을 향상시킨다.
- 하프스윙과 풀스윙 동작을 구분하여 연습함으로써 단계별로 서로 연결되어 있음을 인지한다.
- 헤드스피드의 증가로 인한 비거리 증대에 탁월한 효과가 있다.

※ 어드레스에서 풀스윙 1회를 실시한 후 정지한다. 스윙이 끝나면 다시 어드레스 자세를 취한 후 1회 스윙한다. 이와 같은 동작의 반복은 실제 필드에서의 스윙과 똑같은 방법으로 테이크 어웨이 동작을 포함한 단계별 스윙연습에도 효과적이다. 골프연습에서 빈스윙은 헤드스피드를 통한 비거리 증대, 스윙 시 왼손, 오른손의 역할을 숙달하여 스윙의 정확성 향상, 반대스윙을 포함한 다양한 연습으로 부상 예방에 효과 등 골프연습에서 '만병통치약'이라 할 수 있다.

스윙 보조기구를 이용한 연습효과 극대화

:: 템포마스터

연습방법

- 어드레스에서 몸에 불필요한 힘을 뺀 후 스윙한다.
- 백스윙 시 스타트가 너무 빠르면 클럽이 휘어져 백스윙 톱 동작으로 가는 데 어려움이 발생한다.
- 백스윙 톱에서 다운스윙이 너무 빠르면 클럽이 휘어져 클럽헤드가 골퍼의 머리로 다가오게 된다. 따라서 백스윙 톱에서 다운스윙 시 손목의 코킹을 유지한 채 하체부터 리드하면서 조용하게 다운스윙을 시작해야 한다.

효과

- 다운스윙 시 손목의 코킹을 유지시켜주어 지연히팅(late hitting)을 가능케 한다.
- 지연히팅이 숙달되어 비거리 증대 및 정확한 임팩트가 가능하다.
- 다운스윙 시 손목이 빨리 풀리는 골퍼는 템포마스터 연습기를 활용하면 교정이 쉽고 지연히팅이 가능하며 비거리 증대에 효과적이다.

김하늘 프로

스윙라이터

연습방법

- 백스윙 시 너무 빠르지 않게 스윙한다.
- 테이크 어웨이(take away) 시 스윙 궤도가 몸 안쪽으로 이동하면 백스윙 톱으로 올라가면서 클럽이 꺾이게 되므로(사진❷) 정확한 테이크 어웨이-하프백스윙-백스윙 톱의 정확한 스윙 궤도를 만드는 연습을 한다.(사진❶,❸)

효과

- 백스윙 시 스윙 궤도가 지나치게 인사이드로 가는 오류를 수정한다.
- 정확한 스윙 궤도를 형성하여 스윙의 정확성을 향상시킨다.

임팩트 연습기

> **연습방법**

- 빈스윙 연습 시 오른손스윙, 왼손스윙, 반대스윙, 풀스윙에 이용한다.
- 1단계 : 하프백스윙 시 임팩트 강도를 중 정도로 조절하여 임팩트 시 효과음이 들리게 조절한다.
- 2단계 : 풀스윙 시 임팩트 강도를 중강 또는 강으로 조절하여 연습한다.
- 3단계 : 임팩트 시 효과음이 임팩트 지점을 통과하여 들릴 수 있도록 손목의 코킹을 유지하는 지연히팅 연습도 병행한다.

> **효과**

- 골프스윙에서 가장 중요한 단계인 임팩트가 견고해지고 클럽헤드(club head) 스피드가 자연스럽게 향상된다.
- 임팩트 시 효과음을 통한 집중력 향상에 도움이 된다.
- 견고한 임팩트가 가능케 되고 샷의 정확성이 높아진다.

Lesson 03 원포인트 클리닉

풀스윙

133

벨트를 이용한 스윙교정

연습방법
- **1단계** : 수축력이 있어 약간 늘어나는 벨트를 사용하여 어드레스(address) – 하프백스윙(half backswing) – 임팩트(impact) – 피니시(finish) 순서로 연습한다. 하프백스윙 시 임팩트 강도를 중 정도로 조절하여 임팩트 시 효과음이 들리게 조절한다.
- **2단계** : 수축이 되지 않는 버클형 벨트를 사용한다. 이 벨트는 늘어나지 않기 때문에 어깨와 몸통이 완벽하게 회전할 수 있도록 구분동작, 풀스윙으로 구분하여 연습한다.

효과
- 팔과 몸통이 함께 회전하는 원피스 스윙(one piece swing)이 가능하게 된다.
- 스윙 시 큰 근육(large muscle)을 사용하여 정확성을 높일 수 있다.
- 백스윙 시 어깨와 몸통의 회전을 도와주기 때문에 비거리 향상에 탁월한 효과가 있다.

레슨 현장에서 필요한 교수요법

:: 골퍼의 체력에 대한 관심과 골프티칭을 연계하라

아름다운 페어웨이를 걸으면서 맑은 공기를 마시고 멋있는 자연을 만끽하며 세련된 파트너들과 어울릴 수 있는 스포츠로 골프는 충분히 매력적인 스포츠임에 틀림없다. 하지만 이런 일반적인 인식과 달리 골프를 시작하면서 허리, 손목, 팔꿈치 통증에 시달리게 되고 더 심한 경우 갈비뼈에 금이 가거나 부러지는 심각한 부상을 입게 된다. 페어웨이를 걸으면서 꿈꾸던 기분 좋은 상상은 그야말로 상상으로 끝나고 만성적인 통증에 시달리면서 어렵게 골프를 하게 되고 심지어 중도에 포기하는 예도 종종 발생하고 있다. 그래서 "골프만큼 몸에 나쁜 스포츠는 없다"고 전문가들은 이야기 한다.

그렇다면 골프에서 중요한 체력의 중요성에 대해 누가 책임지고 교육시켜야 하는가? 유감스럽게도 오늘날 레슨 현장에서 완벽한 스윙에 대한 지나친 관심 때문에 상대적으로 체력에 대한 관심은 부족하다. 이러한 현상은 주니어선수나 프로들에게도 나타나지만 아마추어 주말골퍼에게는 더욱 심각한 수준에 이르고 있다. 레슨현장에서 많은 프로들이 실력향상에만 목표를 설정하다보니 자칫 실력향상과 체력과의 관련성에 대하여 인식하지 못했거나 연습장의 여건상 적용하는 데 어려움이 있었을 것이다.

골프는 사람의 몸이 하는 운동이기 때문에 자기 몸에 대한 준비가 되어 있지 않으면 결코 좋은 스윙을 만들어갈 수 없으며, 스코어

도 줄어들지 않는다는 데 체력의 중요성이 있다. 한 예로 백스윙 시 유연성이 부족하여 왼쪽 어깨 턴이 잘 되지 않는 중년 골퍼가 너무 열심히 연습하게 되면 백스윙 톱(top)에서 리버스피벗(reverse pivot)이 발생하게 된다. 연습량이 많다 보니 숏 아이언은 좋아질 수 있지만 스윙궤도가 가파르게 되어 롱 아이언과 드라이버 비거리는 좀처럼 늘어나지 않고 슬라이스의 원인이 된다. 이러한 문제점은 스윙 교정만으로 해결할 수 없다. 즉, 많은 스윙의 문제점 해결을 위해서는 골퍼의 몸에 대한 점검이 필수이며 연습장에서 연습량을 늘리는 것보다 몸에 대한 트레이닝을 병행하는 것이 훨씬 효과적이다.

골프레슨은 어드레스의 점검으로 시작해서 빈 스윙으로 마무리한다

어드레스란 스윙을 시작하기 직전, 즉 모든 준비자세가 끝난 후 스윙을 의식하여 백스윙을 시작하기 직전의 자세를 말한다. '골프는 98%의 준비자세와 2%의 스윙이다'라는 말은 골프에서 그립(grip), 스탠스(stance), 포스춰(posture), 얼라이먼트(alignment), 볼 위치(ball position) 등 본인의 신체적 특성과 상황에 맞는 안정된 준비자세의 중요성을 말한다. 또한, 볼을 직접 컨텍(contact)하지 않고 거울을 보면서 빈 스윙을 하면 본인의 스윙 중 잘못된 부분을 교정하기가 쉽다. 테니스나 배드민턴처럼 기구를 가지고 하는 스포츠는 잘못된 동작 발생 시 빈 스윙을 통한 교정이 가장 효과적이다. 빈 스윙 연습 시 템포마스터(tempo master), 스피드스틱(speed stick), 임팩트마스터(impact master) 등 골프스윙의 문제점을 효율적으로 교정할 수 있는 스윙 보조기구를 활용하면 더 좋은 효과를 거둘 수 있다.

레슨을 시작하면서 지루하지 않도록 약 20분 정도 준비운동과 어드레스 점검으로 구성하고, 마지막 10분은 빈 스윙으로 마무리한다.

하프스윙(half swing) 연습으로 숏 게임과 거리감을 익힌다

하프백스윙은 신체의 많은 부분이 움직여 하나의 동작이 완성되는 단계이다. 백스윙 중에서 가장 많은 점검과 의식적인 동작이 필요한 부분으로 왼쪽 어깨가 스탠스 중간에 위치하는 백스윙 톱(top) 전 단계로 어깨 회전만 5-10cm 더하게 되면 백스윙이 완성된다. 즉 하프스윙 연습을 통해 좋은 백스윙을 완성할 수 있다. 또한, 하프스윙 연습을 통해 클럽별 거리연습에 좋은 기준이 된다. 예를 들어 샌드웨지 하프스윙이 60야드면 50야드, 70야드는 자연스럽게 하프스윙을 기준으로 스윙은 똑같이 하고 그립을 내려 잡거나 로프트가 다른 클럽을 선택하는 방법으로 자연스럽게 조절이 가능하다.

또한, 모든 스윙은 하프백스윙 단계를 거쳐서 백스윙 톱으로 완성되기 때문에 좋은 백스윙 톱을 완성하는 자연스러운 연습이 된다. 또한, 하프스윙은 몸통의 큰 근육을 이용하기 때문에 클럽별 거리감을 익히는데 가장 좋은 연습방법이다. 또한 견고한(Solid) 임팩트를 만드는데 반드시 필요한 연습의 단계이다. 연습 시 풀스윙을 50%정도 줄이고 하프스윙을 통한 연습비중을 높이자. 부상방지 및 효율적인 연습에 많은 도움이 되리라 확신한다.

펌핑(pumping) 연습을 통해 헤드스피드를 높이자

골프에서 장타의 비결은 한마디로 요약하면 클럽헤드스피드를 향상시키는 것이다. 헤드스피드를 향상시키는 요인은 근육의 파워를 높이는 체력 향상과 지연 히팅(late hitting)으로 요약되는 기술적 요인이 있다. 펌핑(pumping)연습이란 하나, 둘, 셋의 리듬으로 근육의 쓰임을 박자에 입력시키는 방법이다. 하나에 하프백스윙을 하고, 둘에 그립한 손이 백스윙 톱(top)으로 올라갔다가 펌핑하듯이 다시 내려와 왼쪽 무릎과 히프만 보내고, 셋에 그립한 손이 백스윙 톱(top)으로 다시 올라갔다가 다운스윙 - 피니시로 연결한다. 펌핑 연습 시 다운스윙을 시작하면서 손목의 코킹(cocking)을 유지하고, 하나, 둘, 셋의 리듬으로 동작을 연결하는 것이 중요하다. 연습장에서 거울을 보면서 연습하면 손목의 코킹(cocking)유지를 통한 지연 히팅(late hitting)으로 헤드스피드 증가는 물론 몸에 있는 근육의 힘을 효율적으로 클럽헤드에 전달하는 능력을 자연스럽게 향상시킬 수 있다.

스마트폰으로 레슨효과를 극대화 하자

골프인들 중 스마트폰 사용자가 늘어남에 스크린업체에서도 스마트폰을 활용한 레슨을 시작하고 있다. 애플리케이션에 따라 트렌드에 맞고 레슨 시 집중력을 높일 수 있는 방법이라 생각된다. 스마트폰과 레슨을 연계한 프로그램을 간단히 소개하면 다음과 같다.

1. 스마트폰 레슨

모바일웹에서 골프장이나 연습장 등에서 스마트폰을 이용해 자신의 스윙을 촬영한 뒤 이를 골프존닷컴으로 전송해 레슨 신청을 할 수 있도록 고안한 서비스다. 문제가 있는 스윙 구간을 편집해 보다 정교한 레슨을 받을 수 있다. 이 서비스는 기존의 '나스모(나의 스윙 모션)'를 스마트폰과 연계한 것으로 자신의 스윙 모션을 원하는 각도로 촬영해 저장하고 레슨이 필요한 스윙 구간을 편집해 보다 정교한 레슨을 받을 수 있다는 점이 특징이다. 신청한 레슨은 홈페이지 동영상존 나의 기록실에서 확인할 수 있으며, 어플리케이션 내용으로는 나스모, 스코어카드, 나의 골프 실력, 매장찾기, 쪽지, 이벤트 정보를 언제든지 스마트폰을 이용해서 확인할 수 있다.

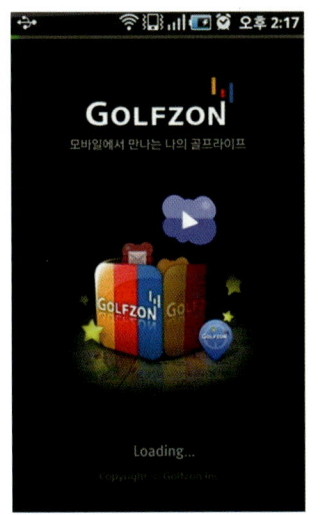  

2. SBS골프닷컴 어플리케이션

해당 어플리케이션을 스마트폰에 설치하고 나면 레슨 – 골프아카데미 SBS골프 레슨 강좌 동영상을 무료로 볼 수 있다. 또한, golf.sbs.co.kr 회원이면 누구나 사용 가능하며, 예약 가능한 전국 골프장 정보제공, 원하는 날짜에 부킹, 부킹한 골프장 변경, 시간 변경, 인원 변경 제공, 티칭프로들의 좋은 강좌를 볼 수 있다.

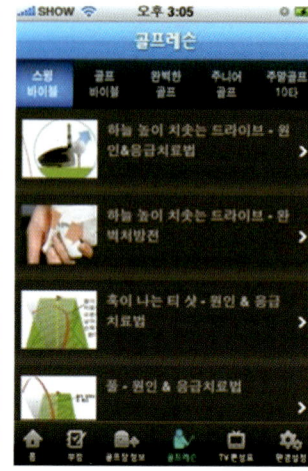
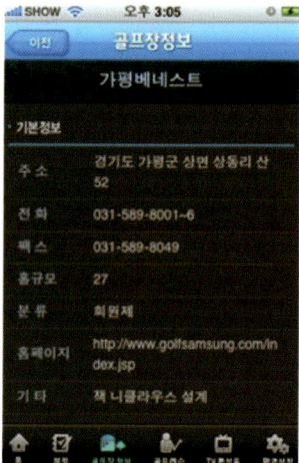

3. JTBC

스마트레슨은 초보자에게 유용한 원 포인트 레슨을 제공하여 주며 실력자들에게는 부족한 부분을 채워줄 수 있도록 레슨을 제공한다. 프로선수들의 레슨, 카테고리별 스윙, 드라이버, 아이언, 숏 게임, 퍼팅과 기타로 나뉘어져 자기가 부족한 부분을 따로 레슨 받을 수 있다.

레슨동영상 즐겨찾기 저장버튼인 별표를 터치하면 따로 즐겨찾기 카테고리로 저장되어 쉽게 다시 찾아볼 수도 있다. 프라이빗 레슨은 각종 상황에 따른 레슨으로 동영상이 아닌 사진과 글로 레슨을 제공하고 있다. 프라이빗 레슨 역시 북 마크할 수 있어 다시 쉽게 찾아볼 수 있도록 되어 있다.

또, 300여개 골프장 코스 뷰어, GPS 거리측정 기능, 월간 골프다이제스트와 J골프 매거진 구독, 골프 관련 최신 뉴스 및 투어 순위, 버디 사용자들을 위한 이벤트 등의 기능들도 이용이 가능하다.

Lesson 03 원포인트 클리닉

4. YouTube를 이용한 유명프로 스윙보기

　　YouTube 가동 후 검색창에다 'SWING VISION'이라고 입력하면 유명프로들의 골프스윙들이 펼쳐진다. 원하는 프로선수를 터치(touch)하면 해당 프로선수의 스윙모습을 볼 수 있다. 대부분의 동영상들이 평소 스윙속도와 slow motion으로 나누어 재생되므로 프로들의 어드레스, 백스윙, 임팩트, 팔로우스루 등을 감상할 수 있다.

　　레슨현장에서도 골퍼의 스윙 동영상 녹화, 골퍼와 체격조건이 비슷한 모델스윙 이미지를 보여주고 비교하기, 위에서 소개한 어플리케이션을 활용하여 레슨에 효율적으로 활용하지 못하면 골퍼의 눈높이와 높은 욕구를 충족시킬 수 없을 것이다.

　　이처럼, 레슨현장에서 골퍼의 체력에 대한 관심, 어드레스 점검 및 빈스윙, 하프스윙(half swing)연습, 펌핑(pumping)연습, 스마트폰 이용하기 등 다양하고 효율적인 방법을 통하여 현장에서 골퍼들을 감동시킬 수 있어야 훌륭한 레슨가가 될 수 있음을 명심해야 할 것이다.

Lesson 04

장타의 조건

....

"멀리 더 멀리"

스윙의 효율성을 높인다

쥐는 힘을 키워야 스피드를 늘릴 수 있다
스트롱 그립이 비거리를 늘릴 수 있다
왼쪽 무릎으로 리드하라
오른쪽 어깨를 목표 방향으로 회전하라
팔을 어깨에서 분리한 후 수직 낙하시켜라
팔과 클럽을 휘드르라

근육의 파워(power) 및 유연성을 높인다

근육의 파워를 증대시켜라
장타를 위한 근력운동
X-Factor를 높여라
짐볼 위에서 몸통 회전

클럽(club)의 효율성으로 임팩트를 좋게 한다

임팩트와 충돌계수
정확한 임팩트를 만들어라

"장타의 조건"

김하늘 프로

# 01

"멀리 더 멀리" FAR & FURTHER AWAY

아마추어 골퍼들의 영원한 로망이 '멀리 더 멀리'이다. 국내 골퍼들은 특히 장타에 집착하는 경향이 강하다. 일단 장타를 치게 되면 제아무리 스코어가 엉망이라 해도 '껄껄' 웃어넘어가는 이유는 어디에 있는 것일까?

바로 장타는 힘을 의미하고 적어도 힘이 있다는 것만 입증되면 세기 따위는 무시하는 골퍼들의 속성 때문이다.

사실 장타를 치게 되면 골프가 쉬워지는 것만큼은 분명하다. 파4 홀에서 드라이버 샷이 멀리 나가면 두 번째 샷에서는 숏아이언을 잡게 되고 상대적으로 그린 적중률이 높아질 수밖에 없다. 또 장타에 자신이 붙게 되면 코스 공략도 달라진다. 도그렉홀에서 꺾어지는 지점을 공략하는 과감함이 가능하고 다음 샷을 위한 더 유리한 고지도 선점할 수 있다.

KLPGA 정규투어에서도 대부분의 코스가 6500YD 이상으로 세팅되어 김세영, 박성현, 김지영, 배희경, 조윤지 등 장타자들의 우승 확률이 높아지고 있다. 골프에서 숏게임과 퍼팅이 스코어를 줄이는 데에 중요하다는 사실에 대해 모든 골퍼들이 공감하지만, 비거리로 상징되는 드라이버 샷의 비중이 결국 숏게임과 퍼팅에 좋은 영향을 줄 수 있기 때문에 골프에서 장타의 중요성은 아무리 강조해도 지나치지 않다.

> 장타를 치고 러프에서 9번 아이언으로 치는 것이 단타를 치고 페어웨이에서 4번 아이언으로 치는 것보다 훨씬 쉽다.
>
> – Jack Niclaus –

일반 골퍼들은 사진 ❶처럼 220YD 지점에 벙커가 있으면 벙커 왼쪽을 공략해야 한다. 하지만 250YD를 넘는 장타자들은 사진 ❷처럼 벙커 왼쪽의 페어웨이나 벙커를 곧바로 가로질러 티샷을 날릴 수 있다. 이 샷은 파5에서 그린까지 200YD 이내의 두 번째 샷을 보장하고 2온이 가능한 좋은 기회를 만들 수 있다. 선수들에게도 4일 경기 중 이러한 버디의 기회는 장타자들에게 더욱 많이 주어질 수밖에 없다. 바로 이런 장점들이 장타의 매력이라 할 수 있다.

골프에서 장타를 칠 때 가장 중요한 2가지 요소가 바로 스피드와 파워다. 만약 같은 힘으로 스윙하는 두 선수가 있다고 한다면, 둘 중 헤드스피드가 빠른 골퍼가 더 멀리 치게 된다.

골프 스윙에서 헤드스피드는 "에너지(energy)"와 같은 의미이다. 에너지는 다음과 같은 3가지 요인에 의하여 효율적으로 발생하기 때문에 장타의 조건으로 구분할 수 있다.

① 스윙의 테크닉(technic) 발달
② 근육의 파워(power) 향상
③ 클럽(club)의 특성을 활용한 연습

스윙의 효율성을 높인다

:: 쥐는 힘을 키워야 스피드를 늘릴 수 있다

그립은 골프 스윙의 시작이며 가장 중요한 요소 중 하나다. 골프의 시작은 두손으로 클럽을 쥐는것부터 시작하는 운동이다. 두손의 그립은 클럽에 영향을 주는 가장 직접적인 부분이다. 손의 힘이 약한 골퍼는 스윙할 때 오히려 불필요한 힘을 주게 된다. 공의 구질이 극단적으로 나오거나 거리가 나지 않을 때, 혹은 손이 아프고 굳은 살이 많이 생길 때, 장갑이 빨리 닳거나 그립 한쪽이 빨리 닳을 때 반드시 그립을 먼저 점검해보아야 한다.

그립을 어떻게 잡느냐에 따라 공의 구질과 공을 정확하게 맞출 수 있다. 그립에 힘을 빼기 위해서는 가볍게 잡지만, 어느정도 숙달이 되면 헤드스피드를 높이기 위해서 악력의 강도를 70~80% 정도 강하게 잡아 주는게 좋다. 왼손은 약지/소지에 그립악력을 70~80%, 오른손은 약지/중지에 그립 악력을 70~80% 정도로 그립을 잡는다. 다른 손가락은 약 20%의 악력으로 거의 그립악력이 없다고 생각하면 된다. 아래 사진은 오른손잡이 기준이다. 검은 손은 골프채를 잡는 위치이다. 이렇게 잡아야 그립악력에 대해서 더 쉽게 이해를 하고 또한 올바른 어드레스가 나온다. 이렇게 표현하는게 악력에 대한 이해를 높일 수 있을 것이다. "견고하지만 가볍게 잡아라."

역학적으로 그립 악력을 모든 손가락에 주게 되면 당연히 손목에 힘이 가게 되고 손목에 힘을 주게 되면 팔에 힘이 들어가게 되고 팔에 힘이 들어가게 되면 어깨에 힘이 들어가서 헤드 스피드가 줄게 된다. 악력을 키우면 그립을 쥘 때 의도적으로 힘을 빼려고 하지 않아도 자연스럽게 두 손의 힘이 빠지게 된다.

Lesson 04 **장타의 조건**

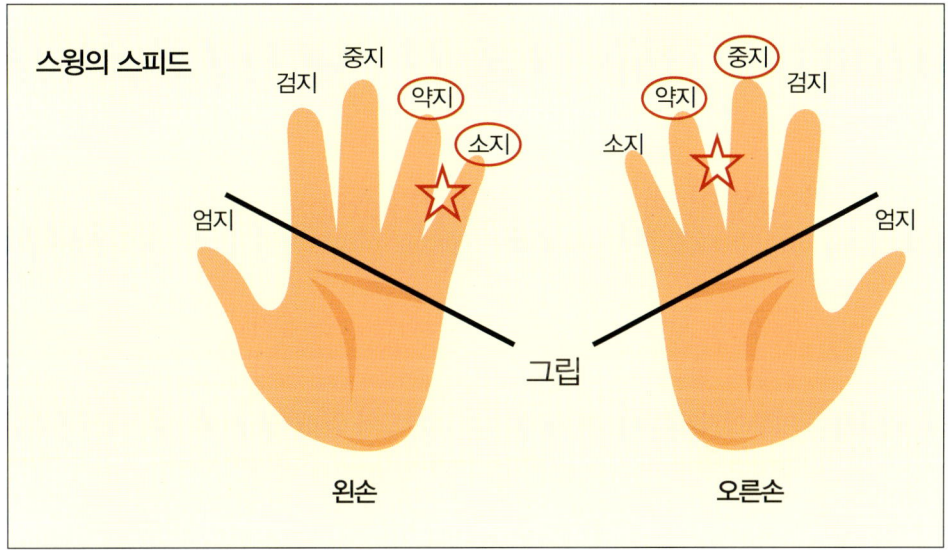

　헤드 스피드를 높이려면 임팩트(impact)순간에 클럽 헤드 스피드를 빠르게 해주는 것이다. 이때 그립은 매우 중요한 역할을 하게 된다. 그립의 악력을 향상시키는 연습 방법은 다음과 같다.

1. 다양한 악력기 훈련

　본인 악력에 맞게 악력기(지손악력기)를 선택해서 클로징을 목표로 잡고 클로징이 되면 다음 악력기로 올라가면 된다. 악력운동은 이틀에 한번 전력을 다해서 잡는다. 준비운동은 전 단계의 악력기를 10회 정도 잡아보고 클로징목표로 잡고있는 악력기를 전력으로 2~3회 잡는 식으로 한다.

2. 철봉 매달리기

현실적으로 바로 할 수 있는건 철봉 매달리기이다. 한번에 1~2분 정도 매달리기 3회 정도 시작한다. 처음에는 1분도 어렵지만 나중에 조금씩 늘어난다. 시간이 지날수록 악력과 팔의 근력은 향상된다.

3. 젤리 그립볼 또는 손가락 재활용 고무공

젤리 그립볼이나 손가락 재활용 공을 개인의 능력에 맞게 조절이 가능하고 손가락 전체의 악력을 향상시키는데 효과가 탁월하다. TV를 시청하거나 운전하면서도 할 수 있고 가격도 저렴하여 악력을 높이는 데 도움이 된다.

:: 스트롱 그립이 비거리를 보장한다 STRONG GRIP

문제점 다운스윙을 왼팔로 리드하는 것은 좋지만 임팩트까지 왼팔로만 하게 되면 왼팔이 빨리 구부러진다. 이로 인해 스윙은 마치 클럽을 잡아당기는 듯한 모양으로 이루어지게 된다. 결국 헤드의 스피드가 약해지면서 클럽페이스가 열리기 때문에 사이드 스핀이 걸리고 볼은 뻗어나가지 못하게 된다.

연습방법 임팩트에서는 오른팔의 역할도 중요하다. 특히 임팩트 존에서 오른팔이 왼팔 위로 돌아가는 '턴-오버(turn-over)' 현상이 이루어져야만 헤드의 스피드가 빨라진다. 스트롱 그립을 취하면 손목의 회전이 많아지므로 오른팔과 왼팔의 역할을 좀 더 확실하게 분담시켜 줄 수 있어 장타가 나온다.

스트롱 그립은 어드레스에서 왼손의 엄지 손가락과 검지 사이의 V자가 그립하기 때문에 임팩트 시 자연스럽게 손목의 회전양이 많아져 클럽헤드의 스피드를 빠르게 하는 원인이 된다.

Lesson 04 **장타의 조건**

> 손등 마디가 3개 정도 보이도록 감아쥔다.

어드레스

1 왼손의 손등 마디가 3개 정도 보이도록 감아 쥔다. 오른손 엄지와 검지가 만드는 'V'자는 오른쪽 어깨나 어깨보다 우측을 가리킨다.

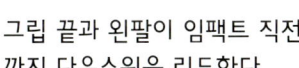

> 그립 끝과 왼팔이 임팩트 직전까지 다운스윙을 리드한다.

임팩트

2 이 시점 이후부터 코킹이 풀리면서 오른손의 역할로 양팔의 회전이 이루어진다.
그립 끝과 왼팔이 임팩트 직전까지 다운스윙을 리드한다.

왼쪽 무릎으로 리드하라 LEAD TO THE LEFT KNEE

문제점 스윙 리듬을 무엇으로 맞추는가? 팔로 하는가? 다리로 하는가? 아니면 리듬 개념에 대해서 전혀 생각조차 하지 않는가? 빠르든 느리든 자기 스타일에 맞는 템포와 리듬을 일관성 있게 유지하는 것이 좋다. 그리고 리듬을 팔로 맞추기보다는 왼쪽 무릎으로 맞추는 것이 정확한 궤도와 파워풀한 스윙을 할 수 있다.

연습방법 백스윙 시 상체를 충분히 회전하면서 왼쪽 무릎이 자연스럽게 오른쪽으로 따라 들어오게 한다. 다운스윙 시 오른쪽으로 따라 들어온 왼쪽 무릎을 다시 왼쪽으로 보내준다. 이런 동작을 볼 없이 여러 차례 반복하면서 왼쪽 무릎으로 스윙의 리듬을 맞춘다.

다운스윙 시 왼쪽 무릎으로 리드하는 것은 리듬을 맞추는 효과도 있지만, 백스윙 톱에서 오른쪽 허벅지를 중심으로 몸의 회전과 체중이동에 의해 만들어진 파워를 다운스윙이 진행되면서 손실 없이 볼에 전달하기 위해서는 볼의 중심쪽으로 이동시키는 단계가 필요하다. 이때 손목의 코킹(cocking)을 유지하면서 왼쪽 무릎으로 리드하면 백스윙에서 만들어진 파워를 손실 없이 임팩트 시 볼에 전달하게 되어 결국 비거리 증대에 중요한 역할을 하게 된다.

> As you shift your left knee toward the target, the legs actually separate a little farther apart. This leg separation is biginning of the creation of the leverage on the downswing that will allow to strike the ball with more power than you dreamed of.
>
> 왼쪽 무릎을 타겟을 향해 이동할 때 실제로는 양다리는 볼에서 좀 더 멀리 떨어지게 된다. 이러한 하체의 분리는 다운스윙에서 당신이 원했던 이상의 향상된 파워로 볼을 칠 수 있도록 가능하게 해준다.

Lesson 04 **장타의 조건**

1. 백스윙 톱에서 손은 오른쪽 어깨보다 높이 위치하고, 복부는 오른쪽 방향으로 돌아간다. 오른쪽 발에 70% 이상의 체중이 실린다.

2. 히프를 왼쪽으로 이동하면서 오른쪽 팔꿈치는 오른쪽 히프를 향해 떨어진다. 이때 그립의 끝은 볼의 위치로 향한다.

3. 어깨로부터 분리되어 코킹을 유지하며 수직 낙하시킨다. 왼쪽의 축이 무너지지 않고 버텨준다.

4. 그립 밑부분은 자유롭게 아래쪽으로 떨어진다. 임팩트 이후 클럽헤드는 낮게 이동된다.

오른쪽 어깨를 목표 방향으로 회전하라 ROTATION THE RIGHT SHOULDER

문제점 피니시 때까지도 힘이 빠지지 않고 잔뜩 들어 있는가? 또한, 양팔이 심하게 벌어지며 어깨에 짊어지듯이 피니시가 되는가? 그것은 팔로만 피니시를 했기 때문이다.

연습방법 먼저 클럽을 잡지 않고 양팔을 어깨에 교차시킨 채 몸통만으로 스윙을 한다. 피니시 단계에서는 오른쪽 어깨가 목표를 향하도록 회전시킨다. 이 같은 방법으로 연습을 한 후 클럽을 잡으면 된다. 이때는 클럽을 잡지 않고 했을 때와 같은 방법으로 몸통 회전을 충분히 해서 오른쪽 어깨가 목표를 향했을 때 비로소 양팔의 힘을 뺀다. 이때 어깨와 턱이 붙어있는지를 꼭 확인하라.

작은 어깨 회전

1 팔이 스윙을 주도하면 어깨 회전이 제한받게 된다. 충분한 어깨 회전 없이 스윙하면 팔에 의존하는 작은 근육을 사용하기 때문에 비거리의 손실과 일관성 없는 방향성을 갖게 된다.

큰 어깨 회전

2 몸통이 스윙을 주도하면 원활한 어깨 회전에 의해 원심력이 증대된다. 핀과 마주할 때 수평으로 회전했을 때보다 약간 왼쪽으로 더 이동한다. 이때 볼의 구질은 하체의 적절한 체중이동과 함께 볼에 컨택이 되면 스트레이트나 드로우 구질이 된다.

팔을 어깨에서 분리한 후 수직 낙하시켜라 ARM FREEFALL

문제점 다운스윙 스타트에서 체중이동에 어려움이 있는가? 누구보다 스윙에 시간과 노력을 투자하는데도 임팩트 시 파워가 실리지 않는가? 장작을 패듯이 힘에 의존한 경직된 스윙을 하는가?

연습방법 백스윙 톱에서 일단 모든 동작을 멈춘다. 그 다음 순간적으로 히프를 왼쪽으로 이동하면서 동시에 팔을 어깨에서 분리시키듯 히프 높이까지 자유롭게 수직 낙하시켜서 지연히팅을 유도함으로써 클럽헤드의 속도를 최대로 높여 준다. 이러한 동작을 거울 앞에서 수차례 반복함으로써 히프 움직임에 의해 체중이 어떻게 이동되는지, 왼팔이 어깨에서 어떻게 분리되어 내려오는지, 그립의 끝은 어디를 향해 내려오는지, 클럽이 손목에 어떻게 위치하는지를 파악할 수 있다.

지연히팅은 골프 기술에서 가장 중요한 기술이다. 코킹은 임팩트 직전까지 지연시켜 임팩트 시 헤드의 스피드를 높여주기 때문에 비거리를 향상시킨다. 또한, 지연히팅은 체중이동과 함께 이루어지면 임팩트 시 더 많은 파워를 발생시켜 다운블로(down blow)샷을 구사할 수 있어 골프코스에서 디봇(divot)을 만들어 내어 볼의 백스핀 양을 높여 주기 때문에 그린 공략에도 도움이 된다.

팔과 클럽을 휘두르라 SWISH THE ARMS AND CLUB

문제점 장타를 위해 스탠스를 과도하게 넓히고 무리한 어깨 회전을 하는가? 아마추어 골퍼나 프로선수 모두 무리하게 어깨 회전을 하면 정작 장타의 중요한 과정인 '임팩트 존에서 팔을 휘두르는 느낌'을 살리지 못하며 헤드가 열려 맞아 슬라이스가 발생한다. 스탠스의 폭은 개인의 신체적 능력과 체격에 따라 다르기 때문에 장타를 의식해서 무조건 스탠스를 넓히는 것은 장타뿐만 아니라 스윙 전체에 어깨 회전을 방해하게 되어 잘못된 스윙을 하게 되는 원인이 된다.

연습방법 무리한 어깨회전을 줄이기 위해 일단 다리를 모아보자. 그렇게 하면 하체는 큰 동작을 하지 못하고 어깨도 적절히 회전하게 된다. 여기에다 팔로만 들었다 휘두른다고 생각한다. 어깨는 팔과 클럽헤드의 움직임에 의해 적당히 따라오게 되어 있다. 발을 모으면 몸이 오른쪽 또는 왼쪽으로 치우쳐 균형을 잃는 것도 방지할 수 있다. 발을 모으고 최대한 부드럽게 클럽이 척추를 축으로 회전하게 하고 오른발과 왼발에 체중이 언제 실리게 되는지 느껴본다. 중요한 것은 팔과 클럽을 '휘두른다'는 느낌을 받아야 한다는 점이다. 그러면 스탠스를 넓혀서 스윙할 때보다 회전이 더 쉬워질 것이고, 오른발과 왼발에 자연스럽게 체중이 실리는 것을 경험할 수 있다. 이런 스윙으로 원래 스탠스를 넓혔을 때보다 편하고 강하게 볼이 맞을 때까지 연습하면 거리는 확실하게 늘어나게 될 것이다.

Lesson 04 장타의 조건

최바름 프로

03 근육의 파워(power) 및 유연성을 높인다

∷ 근육의 파워를 증대시켜라 MUSCLE POWER

문제점 다운스윙 스타트에서 하체 부위의 대근육(large muscle)의 파워가 약하여 중심이 흔들리는가? 스윙 과정 중 골프에서 많이 사용하는 팔, 다리, 몸통의 대근육 파워가 부족하여 오히려 불필요한 힘을 주게 되어 미스샷을 유발하는가? 골프스윙에서 동작을 일으키게 하는 원동력은 근육의 수축력인 근력(muscle power)이다. 근육은 잡아 늘리면 에너지가 저장되고, 놓으면 저장된 에너지가 방출되는 탄성을 지니고 있다. 특히, 인대는 강한 탄성을 지니고 있어 근섬유 수축력과 합쳐질 때에 큰 힘을 낼 수 있다.

연습방법 근력을 높이기 위해 백스윙 톱에서 정지하여 왼쪽 어깨를 우측으로 최대한 이동하여 근육을 잡아 늘인다. 다운스윙 초기에는 비교적 속도가 느리기 때문에 다리와 히프에 있는 대근육이 사용되어야 한다. 다운스윙 시 손은 수직으로 떨어트리고, 하체의 대근육을 이용하여 이동한다. 백스윙 톱에서 6인치 가량 백스윙을 더하는 동안 다리가 먼저 다운스윙을 시작하도록 하여 다운스윙 동안에 근육의 긴장감을 유지시키는 효과를 주기 때문에 이 엑스트라 백스윙(extra backswing)동안의 시간적 여유는 스윙 리듬에 여유를 주어 알맞은 기어로 근육이 작용하도록 한다.

골프스윙이 이루어지면서 몸에서 만들어지는 파워(body power)를 최대로 이용하기 위해서는 좋은 어드레스 자세와 하체를 중심으로 한 대근육의 발달이 중요하다. 이 두 가지가 충족되면 몸에서 만들어지는 파워를 90% 이상(아마추어 50% 정도 이용) 이용하게 되어 비거리의 증대를 가져올 수 있다.

Lesson 04 장타의 조건

다운스윙에서 하체가 리드하는 자세

장타를 위한 근력운동 STRENGTH TRAINING

데드리프트와 메디슨볼 등 다양한 기구 훈련으로 '장타의 토대'를 만든다.

문제점 나이가 들면 1년에 10YD씩 비거리가 준다고 하는가? 이는 적은 비거리에 대한 골퍼의 변명일 뿐이다. 골프에서 비거리를 증가시키는 가장 확실하고 기본적인 방법은 근력운동인데, 이에 대한 준비부족을 나이 탓으로 돌리는 변명이다.

연습방법

▶ 데드리프트(dead lift)

양발을 스탠다드로 벌리고 오버 그립으로 어깨보다 조금 넓게 바벨을 잡는다. 이때 시선은 전방을 향하고 척추기립근과 대둔근, 대퇴근 등에 힘을 준다. 운동방법은 바벨을 앞쪽 허벅지에 위치시킨 뒤 무릎을 120° 구부린 후에 상체를 앞으로 굽혔다가 다시 원위치로 되돌리는 것으로, 이를 반복한다.

이렇게 하면 전문용어로 척추기립근과 대둔근, 대퇴사두근, 승모근 등이 강화된다. 골프의 스윙자세는 어드레스에서부터 팔로우스루까지 허리를 숙인 상태에서 스윙을 한다. 이 운동을 통해 허리근육을 강화하는 셈이다. 다시 말해 스윙 과정에서 균형을 잡는 데 큰 도움이 되고, 이는 장타를 치는 데 가장 기초적인 역할을 한다.

▶ 메디슨볼 잡고 스윙하기(medicine ball swing)

사진 ❷처럼 허리를 곧게 펴고 어드레스 자세를 취한다. 양팔은 볼을 가볍게 잡고 아랫배 앞쪽에 위치한다. 여기서 골프의 스윙과 똑같이 백스윙 → 다운스윙 → 임팩트 → 팔로우스루 등을 반복한다. 이때 양쪽 복횡근(외복사근)에 자연스럽게 힘을 주어 스윙하는 것이 좋다. 백스윙과 팔로우스루 지점에서 약 1초간 정지하는 것이 효과적이다. 볼의 무게는 2~3kg 정도가 적당하고, 횟수는 20~30회 3세트 반복해서 시행한다. 근력이 생기면 횟수를 늘릴 수 있다.

골프에서 파워의 원천은 강한 몸의 꼬임 동작에서 나온다. 이 운동이 백스윙 시 상체와 하체의 꼬임을 최대치로 만들어주고, 다운스윙 시 몸이 풀리는 동작에서 강한 근육의 탄력을 만들어 준다.

▶ 플렉스바(flex bar)를 이용한 손목 회전운동

책상에 낮은 자세로 사진 ❸처럼 플렉스바를 책상에 올려놓는다. 바 끝을 그립 모양으로 잡은 후 왼손으로 오른쪽 손목 부분을 누른 뒤 손목 부분만 몸통 안쪽으로 회전시키고 다시 원위치로 되돌린다. 20~30회 3세트 정도 시행한다. 같은 방법으로 반대쪽(왼손 손목)도 번갈아서 해야 한다. 플렉스바는 색깔에 따라 파랑(강), 초록(중), 빨강(약)으로 다르기 때문에 처음부터 너무 강한 플렉스바를 잡으면 무리가 올 수 있다. 이 운동은 악력과 팔의 근육을 강화시키고 연부조직 및 관절 가동성을 향상시키고 임팩트에서 손목의 자연스러운 회전을 도와 빠른 헤드 스피드를 내는 데 도움이 된다.

:: X-Factor를 높여라 X-FACTOR

문제점 현대의 골프스윙 스타일은 몸통과 하체를 분리하여 꼬임을 극대화시키는 파워 스윙이 주류를 이루고 있다. 이런 스윙을 하려면 백스윙 시 상체가 골반에 대해서 회전을 많이 해야 하는데, 만약 골반이 상체와 똑같은 속도와 양으로 회전한다면 꼬임을 극대화하기 어려워진다. 결국 골반을 회전시켜주는 근육과 상체를 회전시켜 주는 근육이 조화롭게 조절되어야 가능하다.

골프스윙에서 몸통과 골반을 분리하여 꼬아주는 것은 비거리를 늘리는 데 있어 무척이나 중요한 요소이다. 그러나 백스윙 시 몸통과 골반을 잘 분리하지 못하는 이유는 무엇일까? 첫째는 몸통과 골반의 회전 대부분을 차지하는 흉추와 히프관절의 회전 가동범위가 좋지 못하거나 몸통 회전을 담당하는 근육들이 약하기 때문이며, 둘째로 몸통이 충분히 회전될 때까지 골반이 기다려주지 못하기 때문이다.

백스윙 시 골반이 일찍 회전하게 되면 몸통과 골반이 서로 분리하지 못하게 되고 다운스윙에 필요한 탄성에너지를 충분히 저장하지 못하게 된다. 즉, 결과적으로 X-Factor가 작은 백스윙을 하게 된다. 또한, 백스윙 시의 하체 회전축이 움직이게 되면서 역 척추각(reverse spine angle) 등이 발생되어 효율적인 스윙을 할 수 없게 된다. 이는 신체적으로 몸통 회전을 담당하는 복사근(oblique abdominis)이 약해져 있으며, 중둔근의 후방섬유(posterior fiber of gluteus medius)가 길어지고 약해져 있기 때문이다.

김현수 프로

> **연습방법**

　　백스윙 시 골반 회전이 몸통 회전보다는 늦게 시작되어야 몸통과 골반이 충분히 분리될 수 있는데, 몸통과 골반이 같이 회전하게 되면 결과적으로 X-Factor를 증가시킬 수 없게 된다. 이 연습방법은 단순히 근육을 유연하고 강하게 하는 것이 아니라 스윙 시의 효율적인 신체 움직임을 학습하는 방법이다.

▶ X-Factor 확장을 위한 바디드릴 ①

양손을 가슴에 교차하여 얹고 골프스윙을 하는 것 같은 동작을 해본다.
백스윙하면서 어깨와 히프의 차이를 극대화시켜본다.
어깨를 백스윙시키는 동안 히프를 목표방향으로 이동시킨다.

▶ X-Factor 확장을 위한 바디드릴 ②

백스윙 톱에서 하체를 이용해서 다운스윙으로 내려올 때 왼쪽 어깨를 버텨준다.
저항을 느끼면서 X-Factor가 증가함을 경험하게 된다. 이것이 파워의 원천이다.
일반 골퍼가 5°의 확장을 만들면 비거리가 20YD 늘어난다.

▶ X-Factor 확장을 위한 바디드릴 ③

전신거울 앞에 서서 셋업을 취한 후 친구에게 히프 라인을 거울에 테이프로 표시하게 한다. 백스윙과 다운스윙을 하면서 허리의 위치를 표시한다. 약간의 히프 상승을 눈으로 확인할 수 있다. 실제 스윙에서는 더 많은 히프의 상승이 나타난다.

짐볼 위에서 몸통 회전 Trunk rotation on gym ball

연습방법

① 무릎을 90° 정도 구부린 채로 짐볼 위에 등을 대고 눕는다.
② 엉덩이에 힘을 줘서 허벅지와 몸통이 수평에 가깝도록 만든다.
③ 복부 근육을 수축하여 몸통을 약간 굴곡시킨다.
④ 메디슨 볼이나 생수병 등을 양손으로 잡고 팔을 수직으로 뻗는다.
⑤ 골반의 움직임은 최소한으로 하여 몸통을 천천히 조절하며 회전시킨다.
⑥ 회전의 한계에 다다른 후 시작 위치로 돌아온다.
⑦ 다시 반대 방향으로 몸통을 회전시킨 후 다시 시작 위치로 돌아온다.

주의사항

① 짐볼에 등을 댈 때 목의 굴곡근에 지나치게 힘이 들어가지 않도록 머리와 등을 함께 대어 준다.
② 몸의 수평을 유지할 때 히프 근육과 함께 복부 근육에 힘을 주지 않으면 허리가 신전되므로 복부 근육을 적당히 긴장시켜 주어야 한다.

▶ 어떤 근육들이 훈련 될까?

이 운동에서 골반 회전 조절을 담당하는 것은 엉덩이 근육들 중 대둔근(gluteus maximus)과 중둔근(gluteus medius)이며, 복부 근육은 복횡근(transverse abdominis), 복직근(rectus abdominis), 내복사근(internal oblique abdominis), 외복사근(external oblique abdominis)으로 분류된다. 이 운동에서 중요한 것은 사선으로 작용하는 복사근들이다. 예를 들어, 왼쪽 외복사근과 오른쪽 내복사근이 작용하면 골반에 대해 몸통을 오른쪽으로 회전시킬 수 있게 되며, 백스윙 시 이 근육들이 작용하게 된다. 그러나 내·외복사근이 동시에 작용하면 몸통을 굴곡시키게 된다.

여기에서 중요한 것은 골프스윙 시 몸통은 아래로 숙여지지 않고 유지되어야 하기 때문에 복부 근육이 작용할 때 몸통이 굴곡되기보다는 골반이 후방으로 기울어져야 한다는 것이다. 몸통 회전이 잘 되지 않을 경우 팔꿈치를 굽히게 되므로, 회전양이 적더라도 팔은 곧게 뻗어 유지해 주어야 점차 회전양을 늘릴 수 있다(사진 ❷).

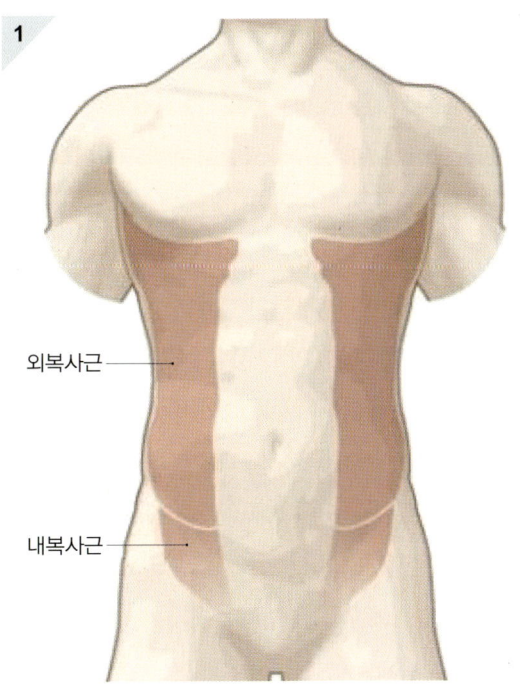

클럽(club)의 효율성으로 임팩트를 좋게한다

임팩트와 충돌계수 IMPACT & SMASH FACTOR

임팩트 현상의 정의

정지되어 있는 볼에 클럽헤드가 충돌하여 볼이 쳐내지는 현상을 임팩트라 하며, 클럽헤드가 나아가는 방향과 타구면의 방향이 일치하지 않는 경우 볼에 스핀이 걸린다. 즉, 정확한 임팩트 시 클럽헤드가 나아가는 방향(club path)이 타겟과 평행을 이룰 때 백 스핀이 걸리며, 타구면과 방향이 일치하지 않을 때 사이드 스핀(좌, 우)이 걸린다.

충돌계수란 무엇인가?

충돌계수란 볼이 클럽페이스에 맞고 날아가는 볼 스피드(ball speed)와 임팩트 시 클럽헤드 스피드(head speed) 속도의 비율을 말한다. 좀 쉽게 설명하자면 얼마나 정확하게 임팩트 때 클럽 중심 타격이 이루어지고 있는가를 알려주고 있는 측정치이다. 존 데일리보다 스윙을 빨리 휘둘러도 볼을 중심에 맞추지 못하면 충돌계수는 낮아진다. 이처럼 '완벽한 중심타격'이 '높은 충돌계수'에 이를 수 있다고 예상할 수 있다. 물론 이 충돌계수가 정확한 장타의 모든 것은 아니다. 장타의 구사에는 단순히 빠른 볼의 속도 외에 많은 변수가 작용하기 때문이다. 장타를 위한 드라이버샷을 하려면 빠른 클럽헤드 스피드를 만들어야 함과 동시에 높은 충돌계수를 보여줘야 하지만, 아울러 최적의 런치앵글(launch angle)과 볼의 회전(back spin-RPM)을 달성해야 한다.

이 측정의 계산 방법은 간단하다. 볼 스피드를 클럽헤드 스피드로 나누면 측정치가 나온다. 클럽헤드 스피드가 120mph이고, 볼 스피드가 168mph이라면 충돌계수는 1.40이 된다. 한 예로 소니오픈 우승자인 폴 에이징어가 연습장에서 기록했던 높은 충돌계수(club head speed - 113mph, ball speed - 163mph = smash factor 1.45)를 기록하려면 실제 경기 중에서 기록했던(club head speed - 120mph, ball speed - 168mph = smash factor 1.40) 충돌계수보다 볼 스피드가 174mph을 기록해야 Smash Factor 1.45

의 높은 충돌계수를 얻을 수 있다. 즉, 연습장에서 기록했던 높은 충돌계수는 실제 경기 중에서는 여러 가지 변수에 의해 빠른 클럽헤드 스피드에도 불구하고 정확한 중심타격이 이루어지지 않았다고 추측할 수 있다.

충돌계수 = 볼 스피드 ÷ 클럽헤드 스피드

클럽헤드 스피드 mph	볼 스피드 mph	충돌계수	예상 비거리 yard
85	105	1.25	170
	115	1.35	198
	123	1.45	223
95	119	1.25	190
	128	1.35	217
	138	1.45	245
105	131	1.25	207
	142	1.35	237
	152	1.45	264

예) 충돌계수가 1.5와 근접할 때 가장 이상적인 임팩트를 실현했다고 말할 수 있다(6번 아이언).

물론 충돌계수가 정확도에 대해서 말해주는 것은 아무것도 없다. 왼쪽으로 아웃 오브 바운드로 사라지는 샷을 날린 경우에도 여전히 높은 충돌계수가 나올 수 있다. 하지만 중요한 것은 충돌계수가 높으면 게임에 파워를 더해줄 수 있으며, 따라서 점수를 더 낮출 수 있다는 사실이 여러 가지 실험과 사례로 알 수 있다. 사실 충돌계수란 프로들보다 일반 골퍼들에게 더 중요하다. 충돌계수는 일반 골퍼들이 자신의 스윙 속도에서 최대의 장타를 뽑아낼 수 있도록 해주는 중요한 요소이다. 프로들의 경우 대체로 비슷한 충돌계수를 보인다. 볼을 일관성 있게 정확히 중심에 맞추기 때문이다. 하지만 일반 골퍼들은 정확한 중심타격을 위해 많은 연습을 해야 한다. 일반 골퍼들은 스윙 속도의 편차는 작지만 충돌계수는 넓은 편차를 보인다. 즉, 골프를 하는 모든 대상의 사람들이 충돌계수를 높이려면 스윙 메카닉(swing mechanic)과 골프클럽 메카닉(club mechanic)에도 관심을 가져야함은 물론 과학적인 연습방법의 중요성을 인식해야 할 것이다. 이러한 기술은 골퍼와 골프산업분야의 사람들에게 더욱 체계적이고 과학적인 골프를 이끌어 나가는 계기가 될 것이다.

비거리 향상을 위하여 스윙웨이트(swing weight), 토크(torque) 진동수(cpm수치), 그립사이즈, 클럽의 길이 등을 플레이어의 나이, 체력에 맞게 조정한다면 비거리가 향상될 수 있다.

정확한 임팩트를 만들어라 IMPACT

문제점 상체와 하체의 과도한 회전으로 인해 오른쪽 무릎이 무너져 중심이 흔들리고 장타를 의식하면서 다운스윙에서 무리한 회전이 이어지고 클럽헤드는 결과적으로 몸의 회전을 따라가지 못한다. 임팩트 구간에서는 당연히 클럽페이스가 열린 채로 맞게 된다(사진 ❶).

아마추어 골퍼들이 장타를 치기 위해서는 일단 볼을 페이스 중심에 정확하게 임팩트하는 것이 가장 중요하다. 슬라이스가 나면 적어도 20%에서 최대 40%의 비거리가 손실된다. 사이드 스핀이 걸리면서 볼의 직진성이 크게 떨어지기 때문이다.

연습방법

▶ **1단계**

백스윙에서 의도적인 회전을 줄이고, 다운스윙에서 양팔을 뻗어준다는 느낌으로 스윙한다. 백스윙이 작으면 그만큼 컨트롤 능력이 좋아지고 볼을 정확하게 맞출 수 있게 된다(사진 ❷).

▶ 2단계

어느 정도 볼이 페이스 중심에 맞게 되면 이후에는 스윙아크를 크게한다. 이때 주의해야 할 점이 몸을 좌우로 출렁거리는 스웨이(sway)이다. 이를 바로 잡기 위해서는 백스윙 톱에서 왼쪽 어깨가 턱밑까지 들어오는 실질적인 어깨 회전이 필요하다. 연습장에서 거울을 보면서 자신의 백스윙이 정말 충분한 어깨 회전을 통해 이루어지고 있는지를 수시로 점검해야 한다.

골프기술이 향상되면 훅이 발생하는 골퍼들이 있다. 이 경우는 보통 다운스윙에서 몸의 리드가 없이 인사이드에서 아웃사이드로 밀어치기 때문이다. 스윙 궤도의 결과 볼이 왼쪽으로 휘기 때문에 타깃을 더 오른쪽으로 이동하면 오히려 헤드가 더욱 인사이드에서 아웃사이드로 이동해 악성 훅을 유발한다. 이런 골퍼라면 사진 ❸처럼 머리를 끝까지 고정시키려 하지 말고 임팩트와 동시에 시선을 타깃 방향으로 자연스럽게 돌려주는 동작도 효과적이다(사진 ❹). 팔로우스루를 제대로 가져가기 위함이다.

연습장에서 연습을 시작할 때 양발을 모은 채 하프스윙으로 볼을 때려본다. 볼을 툭툭 치다보면 전혀 슬라이스나 훅이 나지 않을 것이다. 다음은 스윙아크를 조금씩 키워본다. 하프스윙에 이어 4분의 3 스윙, 그 다음이 풀스윙의 순서로 연습한다. 슬라이스나 훅이 난다면 처음 과정부터 다시 점검한다. 견고한 하체 → 충분한 어깨 회전 → 중심타격의 순서로 연습한다면 충분히 장타자가 될 수 있다.

"장타의 조건" TERMS OF LONG DISTANCE

골프에서 손을 사용하는 동작(hand action)에 의지하여 스윙을 하면 비거리는 확보할 수 있을지 모르지만 정확성과 일관성 있게 스윙을 동시에 구사하기는 힘들다. 손동작을 줄이고 몸통의 대근육을 이용한 바디턴(body turn) 연습으로 더 멀리, 더 정확하게 샷을 할 수 있다. 클럽헤드 스피드를 높이고 클럽페이스를 수직으로 유지하기 위하여 대근육을 이용하고, 몸의 회전에 집중한다면 드라이버 비거리는 더 늘어나게 될 것이다.

▶ 간결하고 타이트하게 백스윙하라.

사진 ❷에서처럼 어드레스에서 수평으로 어깨를 회전시켜 백스윙이 길거나 늘어지지 않고 컴팩트하고 타이트하게 한다.

▶ 임팩트 시 왼쪽 다리가 밀리지 않게 회전하라.

임팩트 시 왼쪽 히프가 슬라이드 되지 않고 회전되어야 한다. 사진 ❸에서처럼 임팩트 시 체중이 왼쪽으로 이동될 때 머리가 볼 뒤에서 머무는 느낌으로 진행되어야 하체가 밀리지 않는다.

▶ 몸의 회전을 원활하게 하기 위해 포스쳐를 높게 하라.

사진 ❶처럼 어드레스에서 높게 자세를 취하도록 점검한다. 이렇게 하면 백스윙할 때 상체의 회전을 원활하게 하여 충분한 파워로 스윙할 수 있게 한다.

▶ 오른쪽 어깨를 타겟의 왼쪽으로 향하게 하면서 피니시하라.

사진 ❹처럼 피니시에서 플레이어의 가슴이 타겟의 왼쪽을 가리켜야 한다. 임팩트 이후 피니시 전에 오른쪽 어깨의 회전이 멈추게 되면 몸의 회전양이 줄어들어 비거리가 줄어들고 손의 역할이 커져 클럽페이스를 닫게 하여 훅이 발생할 수 있다. 스윙을 하는 동안 완전한 몸의 회전은 견고한 드로우(draw)샷을 구사할 수 있게 한다.

김하늘 프로
김혜윤 프로

Lesson 04 장타의 조건

Lesson 05

슬라이스와 훅의 극복

만성 슬라이스(slice) 치유법
'인사이드-투-인사이드'로 스윙하라
단계별 스윙과 슬라이스 해결법
엄지를 위로 세우고 연습을 하라
어드레스 시 오픈(open)을 방지하라
팔꿈치를 묶고 연습하라
백스윙 톱에서 손복 위치를 점검하라
다운스윙은 반드시 하체로 하라

훅(hook) 해결법
볼에 최대한 가까이 서라
방향 전환은 왼쪽 무릎부터 시작하라
그립 끝으로 볼을 쳐라

푸시샷(push shot) 해결법
양팔을 몸통에 확실히 붙여라

풀샷(pull shot) 해결법
양다리로 리드하되 양팔은 나중에!

토핑(topping) 해결법
주저 앉는 느낌으로 다운스윙을 하라

더핑(duffing, 뒷땅) 해결법
반드시 체중을 먼저 이동시켜라

조윤지 프로와 저자

01 만성 슬라이스(slice) 치유법 SLICE

∷ '인사이드-투-인사이드'로 스윙 하라

문제점 항상 슬라이스에서 벗어나지 못하거나 평소에는 문제 없다가도 필드에 나가 티샷을 할 때 오른쪽 O.B지역이나 해저드(hazard)에 부담을 가져 슬라이스(slice)나 풀(pull)샷이 발생하게 되는데 그 이유는 다운스윙 시 스윙 궤도가 '아웃사이드-투-인사이드(outside-to-inside)'가 되기 때문이다.

연습방법 클럽헤드가 간신히 빠져나갈 정도로 볼에서 5cm 정도 앞에 임팩트 연습기구나 스펀지, 종이상자 같이 부딪혀도 클럽이 손상되지 않을 물체를 놓고 샷을 한다. 만일 볼을 치기 전에 임팩트 연습기구를 건드린다면 사진 ❷처럼 '아웃사이드-투-인사이드'의 결과로 클럽헤드가 임팩트 연습기구를 건드리게 되어 슬라이스를 유발시키게 되고, 볼을 치고 난 후 임팩트 연습기구를 건드리지 않으면 사진 ❶처럼 '인사이드-투-인사이드(inside-to-inside)'의 결과로 이상적인 스윙을 할 수 있게 된다. 또 볼을 치고 난 후 임팩트 연습기구를 건드리면 사진 ❸처럼 '인사이드-투-아웃사이드'의 결과로 푸쉬(push)샷을 유발하게 된다.

∷ 단계별 스윙과 슬라이스 해결법

골프스윙에서 가장 많은 미스샷의 원인을 제공하는 슬라이스(slice)는 원인이 다양하지만 훅(hook), 더핑(duffing) 등에 비해 비교적 교정이 쉽다. 슬라이스의 원인은 백스윙에서 클럽을 안으로 당겼다가 아웃-인의 커다란 고리를 그리며 내려온 후 임팩트 구간에서는 왼쪽으로 당기는 스윙을 하기 때문에 왼쪽에서 오른쪽으로 휘어지게 된다. 임팩트 시 클럽페이스가 급격히 열리는 현상이다. 스윙 단계별 원인을 알면 스윙교정에 많은 도움이 될 것이다.

어드레스

- 그립(grip) – 약한 그립(weak grip)
- 볼 위치(ball position) – 원래 위치보다 우측에 위치
- 스탠스(stance) – 열린(open) 스탠스
- 포스춰(posture) – 경직되고 업라이트(upright)한 포스춰

백스윙

- 가파른 백스윙 궤도
- 팔과 몸이 하나로(one piece) 움직이지 않고 지나치게 팔에 의존한 백스윙

다운스윙

- '아웃사이드-투-인사이드' 스윙 궤도
- 다운스윙 시 체중이 이동하면서 왼쪽 골반이 너무 많이 오픈됨
- 임팩트 시 오른쪽 어깨가 급격히 떨어지거나 앞으로 밀리는 현상
- 임팩트 직후 오른손의 회전이 늦어져 클럽페이스가 수직 상태로 돌아오지 못하고 스윙이 진행됨
- 임팩트 이후에도 볼을 주시하여 오른쪽 어깨의 회전이 이루어지지 않음

피니시

- 왼발에 90% 정도 체중이동이 되지 않고 오른발 쪽에 남겨놓은 상태로 피니시한다.

인사이드 투 인사이드 스윙
(Inside-to-Inside)

아웃사이드 투 인사이드 스윙
(Outside-to-Inside)

인사이드 투 아웃사이드 스윙
(Inside-to-Outside)

엄지를 위로 세우는 연습을 하라

클럽 없이 양팔로 백스윙 동작을 취해 본다. 양팔이 수평 위치에 이르렀을 때 양쪽 엄지가 똑바로 위를 향하도록 세워준다. 이어서 양쪽 엄지가 똑바로 위를 향하게 될 때까지 앞으로 스윙을 휘두른다. 이 동작이 숙달되면 클럽으로 스윙을 반복하여 자신의 엄지에 초점을 맞춘다. 이렇게 하면 볼을 스트레이트나 드로우 구질로 보낼 수 있다.

어드레스 시 오픈(open)을 방지하라

문제점 백스윙 때 어깨 회전이 충분히 안 된다든지 허리 스웨이가 되면, 다운스윙 궤도가 형성되지 않아 슬라이스가 나게 된다. 문제의 원인은 셋업 때부터 오픈된 자세 때문이다. 상체를 똑바로 한 채 양팔로 그립을 취하면 왼손 위로 덮어 잡고 내려 잡은 오른손 때문에 오른쪽 어깨가 앞으로 튀어나오거나 약간 덮이게 된다.

본인은 느끼지 못하지만 이 상태가 바로 오픈 자세이다. 이대로 백스윙을 하면 어깨 회전이 둔화된다. 무리해서 어깨 회전을 하려고 하면 왼쪽 어깨는 밑으로 떨어지고 오른쪽 어깨는 위로 들리면서 허리가 오른쪽으로 밀리는 스웨이 현상이 발생되는 것이다.

Lesson 05 **슬라이스와 훅의 극복**

> **연습방법**

① 어드레스 시 오른팔 팔꿈치는 행주를 짜듯이 배꼽쪽으로 비틀어서 위치시키면 직각을 이룬 어드레스 자세를 유지할 수 있다.

② 셋업에서 상체를 오른쪽으로 약간 기울여준다. 이렇게 하면 자연스럽게 오른팔이 굽어지며 왼쪽 어깨의 회전이 훨씬 부드러워진다.

잘못된 어드레스

1, 2 척추가 경직되어 오른쪽 어깨가 앞으로 튀어나오게 되고 오른팔이 펴지는 현상이 나온다. 다운스윙 시 왼팔이 빨리 굽어지면서 당겨지게 되고 오른쪽 어깨는 어드레스 때보다 더 심하게 앞으로 튀어나오게 돼서 오픈된 자세가 된다.

정상적인 어드레스

3, 4 척추를 약간 오른쪽으로 기울여 줌으로써 자연스럽게 오른팔이 굽어지도록 한다. 다운스윙 때 하체 리드를 유도해주고 임팩트 시 상체가 볼 오른쪽에 남아있게 해주며 클럽페이스를 직각으로 유지시켜 준다.

팔꿈치를 묶고 연습하라

문제점 팔의 힘이 강하여 지나치게 힘이 들어가는 스윙을 고치려면 밴드로 양팔을 가로질러 팔꿈치 부분을 묶어준 뒤 연습 스윙을 하도록 한다.

팔로만 백스윙을 하면 몸통 회전 없이 뒤로 가려는 스윙 궤도가 형성되고 팔로만 다운스윙을 하면 앞으로 내려오는 잘못된 스윙 궤도가 형성된다. 결국 다운스윙 궤도가 아웃사이드 인(outside-in)이 되고 임팩트 후에는 몸보다 팔이 스윙을 미리 마무리하기 때문에 빨리 팔이 구부러지게 된다.

연습방법 팔을 몸통과 분리시키지 말고 어드레스 때 상태의 모양을 끝까지 유지하며 스윙되어야 한다. 팔로만 백스윙 하게 되면 어깨 회전이 충분히 되지 않고 모든 스윙을 팔로만 해결하려 하기 때문에 사진처럼 벨트(belt)를 하고 스윙을 하면 스윙하는 동안 전체적으로 벌어진 양팔의 간격을 똑같이 유지해야 하는 팔꿈치의 역할을 이해하는 데 도움이 된다. 연습 중에 가끔 밴드를 풀고, 밴드로 묶었을 때와 똑같이 팔꿈치의 위치를 가져갈 수 있도록 노력해 본다. 충분한 어깨 회전으로 슬라이스 동작을 자연스럽게 교정할 수 있다.

어드레스 샷할 때와 똑같이 어드레스 자세를 취한다. 오른쪽 팔꿈치의 힘을 빼고 배꼽쪽으로 당기어 백스윙 시 몸의 회전에 방해가 되지 않게 한다.

하프백스윙 하체의 균형을 유지하고 어깨 회전이 스탠스의 중간까지 될 수 있도록 팔과 몸통을 분리시키지 말고 one piece로 이동시킨다.

임팩트 임팩트 시 오른팔의 역할이 너무 과하거나 빠르게 진행되지 않도록 하체의 체중이동과 함께 리듬 있게 이루어진다.

피니시 하프백스윙의 피니시이므로 오른발을 빨리 지면에서 이동시키지 말고 체중이동이 이루어진 다음 뒤꿈치만 살짝 띄우고 오른쪽 어깨를 이동시키면서 피니시한다.

Lesson 05 슬라이스와 훅의 극복

어드레스

하프백스윙

임팩트

피니시

:: 백스윙 톱에서 손목 위치를 점검하라

스윙의 톱 단계 때의 직각 위치에 도달하려면 왼손의 손등과 손목, 팔의 아래쪽 부분이 일직선 관계를 형성하고 있어야 한다. 왼손 손등이 안쪽으로 꺾어져 있거나 바깥쪽으로 구부러져 있게 되면 볼을 직각으로 때리기 위해서는 다운스윙 때 보완 동작을 취하지 않을 수 없다. 백스윙 톱에서 잘못된 손목 위치는 어드레스-테이크어웨이-하프백스윙까지의 단계에서 잘못된 손목 사용으로 인한 결과이다. 따라서 백스윙 톱에서의 잘못된 동작을 교정하기 위해서는 어느 단계에서 손목 사용이 잘못되었는지 어드레스부터 순서대로 알아보고 그 단계에서 잘못된 동작을 교정하여야 백스윙 톱에서의 동작을 교정할 수 있다.

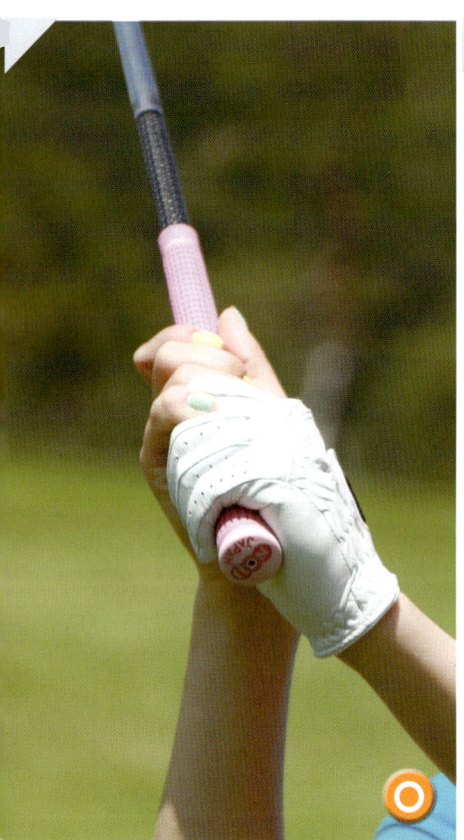

정상적인 손목동작

닫힌 손목동작

열린 손목동작

Lesson 05 슬라이스와 훅의 극복

다운스윙은 반드시 하체로 하라

문제점 슬라이스가 생기는 이유가 힘을 빼지 못해서라고 생각하는가? 힘은 빼는 것이 아니라 빠지게 만들어줘야 하는 것이다. 만일 다운스윙을 상체로 했다면 힘은 전혀 빠지지 않을 것이다.

연습방법 백스윙으로 상체의 몸을 꼬았으면 다운스윙은 하체로 꼬인 것을 풀어주어야 바른 스윙 궤도와 최대 원심력을 얻는다. 이것을 '바디 릴리스(body release)'라고 하는데 클럽페이스를 항상 수직으로 유지시켜 주는 데 큰 몫을 한다.

하체가 리드하는 다운스윙

1. 팔꿈치는 몸통에 밀착된다. 다운스윙은 몸의 왼쪽을 축으로 하체부터 방향 전환을 해서 시도해야 한다. 상체가 따라 내려오면서 어깨에 힘이 빠져있다.

상체가 리드하는 다운스윙

2. 상체로 다운스윙을 하면 일단 머리부터 왼쪽으로 이동하게 된다. 팔꿈치가 옆구리에서 떨어지기 시작한다. 클럽이 아웃사이드로 내려오게 된다. 어깨에 힘이 들어가 있다.

훅(hook) 해결법 HOOK

:: 볼에 최대한 가까이 서라

문제점   지나친 스트롱 그립(strong grip)을 선택하여 임팩트 존에서 핸드퍼스트가 이루어지지 않는가? 임팩트 시 과도한 인사이드 아웃(inside-out) 궤도로 인해 사이드 스핀이 걸리고 훅이 발생하는가?

연습방법   훅을 교정하기 위해서는 몸과 볼의 거리를 조금 더 가깝게 하여 스윙을 해보는 방법이 있다. 훅을 빠르게 교정하려면 과감하게 볼에 가까이 더 다가서서 스윙을 해보라. 평소보다 볼 가까이 서게 되면 좀 펴지게 되고 클럽이 세워져서 인사이드 아웃의 궤도로 스윙하기가 어렵게 된다. 이때 백스윙은 업라이트하게 되고 다운스윙은 하체부터 리드하는 데 용이해진다. 이렇게 손목의 이용은 줄이고 몸의 사용이 늘어남에 따라 지연히팅(late hitting)을 만들어주고 훅은 사라지게 된다.

훅 해결법

골프스윙에서 훅(hook)은 슬라이스(slice)와 반대되는 개념으로 대표적인 미스샷이다. 훅은 슬라이스보다 원인이 다양하지 않지만 교정이 슬라이스보다 어렵다.

훅의 원인은 임팩트 시 클럽페이스가 급격히 닫히는(closed) 현상이다. 훅을 해결하기 위해서는 다음과 같은 어드레스 구성요소에 대한 점검이 우선되어야 한다.

- 그립(grip)
- 볼 위치(ball position)
- 스탠스(stance)
- 포스춰(posture)

따라서 훅의 원인을 교정하기 위해서는 다음을 점검해야 한다.

① 그립의 점검(지나친 스트롱 그립 교정)
② 스윙 궤도 점검(인사이드-투-인사이드의 스윙 궤도 연습)
③ 포스춰 점검(허리, 무릎의 각이 불필요하게 많이 구부리지 않게 교정)
④ 볼 위치(정상적인 볼의 위치보다 왼쪽에 위치시키는지 점검)
⑤ 스탠스(본인도 모르게 습관적으로 크로스 스탠스를 취하는지 점검)
⑥ 어드레스에서 볼과의 간격 점검(플레이어와 볼과의 거리가 너무 먼지 확인)
⑦ 임팩트 시 머리가 타겟 방향으로 이동되는지 점검
　－머리가 이동하면 클럽페이스가 급격히 닫혀 악성 훅을 유발한다.

1 볼에서 멀리 설수록 백스윙이 플랫(flat)하게 돼서 훅의 원인이 된다. 임팩트 시 클럽헤드가 손보다 먼저 내려와 클럽페이스가 닫히게 된다.

2 양팔은 몸에 밀착된 채 왼쪽 부분이 스윙을 주도하게 된다. 임팩트 시 손이 클럽헤드보다 앞에 있다.

방향 전환은 왼쪽 무릎부터 시작하라

문제점 임팩트 시에 왼팔의 펴짐이 전혀 느껴지지 않고 구부러지기만 하는가? 다운스윙을 시작할 때 볼을 치려는 의식이 너무 강하다 보면 오른팔이 빨리 펴지고 오른쪽 어깨가 앞으로 덮이면서 내려와 왼팔은 구부러지게 된다. 결국 클럽페이스도 닫히면서 훅이 나게 된다(사진 ❷). 이러한 결과로 상체 주도의 다운스윙이 되어 그립한 위치보다 헤드의 속도가 빨라서 임팩트 시 악성 훅이 나게 된다.

연습방법 백스윙의 역할이 상체였다면 다운스윙은 하체가 맡아서 해야 한다. 다시 말해서 다운스윙은 백스윙과 반대로 하체가 주도해야 한다. 왼쪽 무릎부터 방향 전환을 시작할 때 '하체(무릎)-엉덩이-허리-어깨-팔-클럽'의 순서로 내려오게 된다. 결국 임팩트에서는 클럽 페이스보다 왼팔이 먼저 지나가게 되고 지연히팅(late hitting)에 의한 클럽페이스는 직각을 유지하게 되는 것이다.

1. 하체의 리드에 의해 따라 내려오는 왼팔은 펴지게 된다. 하체가 왼쪽으로 밀려 돌아가면서 오른쪽 어깨는 자연스럽게 내려간다. 왼쪽 다리부터 다운스윙을 리드한다.

2. 어깨가 앞으로 덮이면서 오른팔이 펴진다. 오른팔의 힘에 눌려 왼팔이 구부러지고 클럽페이스는 닫히어 훅이 발생한다.

그립 끝으로 볼을 쳐라

문제점 샷을 할 때 볼을 맞추려고만 하는가? 아니면 백스윙-임팩트-팔로우스윙(backswing-impact-followswing)으로 이어지는 전체 스윙을 생각하는가? 만약 볼만 마춘다는 생각으로 스윙을 할 경우에는 훅이 나고, 전체적인 생각을 하면서 칠 경우에 볼이 똑바로 날아간다면 어느 쪽을 선택할 것인가?

연습방법 다운스윙 때 볼을 때리려는 의식이 강하다 보면 템포가 빨라지면서 오른팔이 먼저 강하게 작용한다. 결국은 코킹(cocking)이 빨리 풀리면서 클럽헤드가 손보다 먼저 내려오는 얼리 히팅(early hitting) 현상이 발생되는 것이다. 클럽헤드로 치지 말고 그립 끝으로 친다고 생각하라. **사진 ❶**처럼 손이 허리 벨트까지 내려 왔을 때 코킹(cocking)이 풀리지 않고 유지되어야 몸에 있는 힘을 최대한 이용할 수 있는 지연히팅으로 볼을 가격 할 수 있다.

바른 다운스윙

1. 그립 끝으로 볼을 친다는 의식은 왼쪽 히팅을 유도해주고 클럽페이스를 직각으로 유지해준다. (late hitting)

잘못된 다운스윙

2. 오른쪽 어깨에 힘이 들어간다. 임팩트 시 머리가 어드레스 때보다 타겟 방향으로 이동하면 클럽페이스가 급격히 닫히게 되어 훅이 발생할 수 있다.

잘못된 임팩트

3. 클럽헤드가 손보다 먼저 내려와 볼을 치면서 클럽페이스가 닫힌다. 오른 팔은 빨리 펴지기 시작한다. 코킹이 빨리 풀린다. (early hitting)

푸시샷(push shot) 해결법 PUSH SHOT

:: 양팔을 몸통에 확실히 붙여라

문제점 다운스윙을 '인사이드 투 아웃사이드'로 해야 한다는 고정관념을 갖고 있는가? 그래서 볼은 대부분 타깃보다 오른쪽으로 밀려가는가? 이것을 고치기 위해 오른팔로 돌려치다 보면 푸시 훅으로 연결된다. 푸시샷의 원인은 너무 플랫(flat)한 백스윙에서 다운스윙으로 이어지는 동안 양팔이 몸에서 점차 멀리 분리되기 때문이므로 스윙 궤도를 바꾸어야 해결된다.

연습방법 우선 백스윙에서 양팔을 몸에 붙여서 들어올린다. 다운스윙은 하체부터 리드하되 양팔은 몸통에 가볍게 밀착시킨다. 임팩트 때는 왼팔을 몸통에 완전히 붙이면서 벽쌓기를 한다(사진 ❹). 순간 오른팔은 왼쪽 편을 축으로 회전된다(사진 ❺). 결국 스윙 궤도는 인사이드로 이루어져야 한다. 또한, 사진 ❶처럼 타깃 라인에 평행이 되도록 지면에 두 개의 클럽이나 선을 긋고 다운스윙 시 두 라인 안으로 클럽헤드(club head)가 지나가도록 연습한다.

1 양팔이 몸통에서 떨어지기 시작한다.

첫 번째 클럽은 양발의 정렬선을 따라, 두 번째는 볼의 바깥에 내려놓고 볼이 두 클럽의 가운데 놓이도록 해준다. 이어 스윙을 하면서 머리의 앞부분이 바깥쪽 클럽과 계속 일직선을 유지하도록 한다. 이는 머리가 스윙 궤도 선상에 그대로 놓여 있도록 해준다. 그렇게 되면 스윙 궤도가 변하지 않게 되어 볼을 좀 더 정확히 맞힐 수 있게 되기 때문에 푸시샷을 예방할 수 있다.

Lesson 05 슬라이스와 훅의 극복

2   양팔이 몸에서 붙어있다.

3   양팔이 몸통에 붙기 시작한다.

4   임팩트 때는 왼팔을 몸통에 붙이면서 벽쌓기를 한다.

5   왼팔을 축으로 오른팔이 회전한다.

04 풀샷(pull shot) 해결법 PULL SHOT

:: 양다리로 리드하되 양팔은 나중에!

문제점 다운스윙에서 먼저 클럽을 잡아채듯이 양팔을 당겨치는가? 그러면 스윙 궤도가 아웃사이드 인이 되면서 척추 축은 왼쪽으로 무너지고 결국 상체만 당겨지면서 풀샷이 된다.

풀샷(pull shot)은 아웃 인(out-in) 스윙 궤도로 인해 볼이 목표선보다 왼쪽으로 날아가는 경우이다. 이러한 현상은 다운스윙 시 상체만 돌아가서 클럽헤드가 바깥쪽으로 내려오는 경우에 많이 발생한다. 다운스윙을 시작할 때 엉덩이가 먼저 돌아가서 클럽헤드가 손의 바깥쪽으로 내려오는 경우에 발생한다. 이 경우 스윙 궤도는 곧게 이루어진다고 하더라도 이미 목표선을 어긋나 있기 때문에 볼이 왼쪽으로 가게 된다.

연습방법 백스윙과 다운스윙은 한 동작으로 이어지면서 역동적으로 이루어져야 한다. 여기에는 방향 전환 동작이 제대로 이어져야 한다. 방향 전환은 하체의 움직임에 의해 좌우된다. 양다리는 역동적인 골프스윙이 이루어질 수 있도록 받침대 역할을 하면서 상체가 꼬이고 풀리는 동안 균형을 유지시켜 주며 체중을 이동시켜주고 양팔이 몸에 밀착되고 클럽이 인사이드로 내려오도록 해준다. 따라서 다운스윙의 시작은 양팔이 아니라 양다리임을 잊지 않도록 해야 한다. 다운스윙 시 손을 좀 더 몸쪽 가까이 하고, 엉덩이와 상체가 일체감 있게 움직인다. 클럽헤드가 손보다 뒤에 있게 하여 클럽의 궤도가 약간은 인-아웃으로 이동한다는 생각으로 팔을 몸에서 멀리 떨어지지 않게 다운스윙을 한다.

Lesson 05 슬라이스와 훅의 극복

다운스윙이 잘 되지 않을 때

1, 2 몸의 축인 척추가 왼쪽으로 이동되면서 오른쪽 어깨가 덮여서 클럽은 저절로 회전되면서 볼로 접근한다. 상체가 먼저 회전하면서 클럽이 가장 먼저 볼을 치고 간다(early hitting).

다운스윙이 잘 되었을 때

3, 4 오른팔과 클럽이 90° 모양을 유지한 채 몸통에 밀착되어 인사이드로 내려온다. 왼쪽 무릎을 타깃 쪽으로 먼저 방향 전환시켜 준다. 클럽헤드로 가장 늦게 뒤따라 내려오면서 볼을 쳐준다 (late hitting).

토핑(topping) 해결법 TOPPING

:: 주저앉는 느낌으로 다운스윙을 하라

문제점 토핑의 발생 원인은 크게 두 가지로 나눌 수 있다. 첫째, 헤드업(head up)을 하게 되어 중심이 무너질 경우와 둘째, 볼을 띄우려는 마음이 앞선 나머지 임팩트 순간에 클럽을 잡아당기면서 퍼올리는 동작을 하기 때문에 발생한다. 이렇듯 볼을 띄워야겠다는 선입견을 갖고 스윙을 하면 다운스윙을 시작하면서 오른쪽 팔꿈치가 빨리 풀어지며, 어드레스 시 오른 손등의 각을 유지하지 못하고 활처럼 휘어지는 모양이 되어 클럽이 손보다 앞서가게 되는, 즉 클럽헤드로 볼을 퍼올리는 동작이 일어나게 되어 토핑샷(topping shot)이 되는 것이다.

연습방법 헤드업의 원인은 두 가지로 나뉜다. 전반적으로 스윙을 팔과 손목으로 볼을 쳐올리듯 하기 때문에 순간적으로 자세가 무너지면서 머리가 들어 올려지기 때문이다. 다운스윙 시에 체중이동과 몸의 리드를 하체부터 하지 않고 상체로 하기 때문에 머리가 왼쪽으로 밀려가면서 균형을 잡기 위해 저절로 헤드업이 되기 때문이다. 결국 토핑에서 벗어나려면 몸통 스윙을 유도하면서 어드레스 때 취한 자세가 무너지지 않도록 주의하는 것이 최선이다. 또한, 임팩트를 지나며 볼을 치려 할 때 머리와 몸통이 볼 앞쪽으로 나아가게 되어 토핑샷을 하는 사람과 임팩트 전 왼쪽 히프가 너무 많이 타깃 방향으로 밀리며 왼쪽 어깨가 들리고 클럽은 몸 뒤편에서 따라오는 사람은 머리를 볼 뒤편에 남겨두고 두 팔이 먼저 나아가는 스윙 연습을 해야 한다.

Lesson 05 슬라이스와 훅의 극복

잘못된 백스윙
1. 머리가 밀리게 되면 축이 무너지고 제대로 된 백스윙은 할 수 없다.

바른 백스윙
3. 머리가 움직이지 않고 중심축이 무너지지 않는다.

잘못된 다운스윙
2. 상체로 리드하면 축이 밀려가서 중심이 잡히지 않고 무너지게 된다.

바른 다운스윙
4. 머리는 볼 오른쪽에 남겨둔 채 오른발 뒤꿈치를 보는 듯하다. 히프는 하체를 리드하며 체중을 옮겨준다.

더핑(duffing, 뒷땅) 해결법 DUFFING

:: 반드시 체중을 먼저 이동시켜라

문제점 라운드 중 샷을 할 때 더핑에 시달리는가? 다운스윙 시 손목이 급격하게 먼저 풀리는가? 더핑의 원인은 볼이 잔디 속에 반쯤 파묻혀 보여서 몸에 힘이 많이 들어간 상태에서 샷을 하기 때문이다. 몸에 힘이 많이 들어가면 다운스윙 타이밍이 빨라지기 때문에 팔이 몸통에서 충분히 떨어지기 전에 다운스윙에 들어가게 되고 궤도가 낮아져 더핑(뒷땅)을 치게 된다. 그리고 무조건 다운스윙에서 상체 또는 팔로 리드하면서 볼을 내려치려고만 하기 때문에 발생한다.

연습방법 다운스윙에서는 오른쪽에 있는 체중을 다시 왼쪽으로 옮겨줘야 한다. 들어 올린 팔을 내려주거나 꼬인 몸을 풀어주는 동작은 그 다음이다. 체중을 옮겨주는 동작 자체가 꼬인 몸을 풀어주고 클럽을 떨어뜨려 주는 연결 동작의 시작이기 때문이다. 어드레스 때 볼을 약간 왼쪽에 두는 이유도 바로 그 때문이다. 또한 임팩트 때 골프 클럽의 헤드가 볼의 뒷땅에 떨어져 땅을 먼저 치고 난 다음 볼을 가격하는 것이(사진 ❷) 아니라 클럽페이스의 아랫부분인 리딩 에지(leading edge)가 볼에 먼저 컨택트되어 볼을 치게 되면 볼은 클럽페이스의 눕혀져 있는 각도(loft)에 의해 백스핀(back spin)을 갖게 된다(사진 ❹). 그리고 나서 마침내 골프 클럽헤드의 리딩 에지가 볼이 있었던 자리의 땅 부분에 떨어지며 나가게 되는 것이다. 골프 클럽의 헤드가 볼을 먼저 컨택(contact)하고 난 다음 땅을 치게 되면 디봇(divot)이 볼 앞에서 생기게 되는데 이러한 샷이 바로 다운 블로우(down blow)를 이용한 견고한 샷(solid shot)이다.

또한 사진 ❶처럼 다운스윙 시 오른쪽 어깨가 급격히 떨어져서 더핑(뒷땅)이 발생하게 되면 임팩트 이후 오른쪽 어깨의 회전을 빨리하면 더핑(뒷땅)샷의 문제를 해결하는데 도움이 된다.

Lesson 05 슬라이스와 훅의 극복

잘못된 다운스윙

1. 상체가 먼저 옆으로 기울어지듯 다운스윙을 리드하면 오른쪽 어깨가 떨어지면서 더핑이 된다.

바른 다운스윙

3. 팔과 몸통이 일체감 있게 움직이며 하체로 먼저 체중을 이동시켜 주는 다운스윙을 한다.

잘못된 임팩트

2. 디봇이 볼 뒤에 생긴다.
   하체가 이동되지만 상체의 회전이 늦어 클럽헤드가 볼 뒤쪽에서 컨텍(contact)하게 된다.

바른 임팩트

4. 디봇이 볼 앞으로 생긴다.
   클럽헤드의 리딩에지(leading edge)가 볼을 먼저 컨텍(contact)한다.

Lesson 06

트러블샷 뛰어넘기

트러블샷
볼이 스탠스보다 높이 있을 때 클럽을 짧게 잡고 오른쪽으로 조준하라
볼이 발보다 낮은 곳에 있을 때 체중을 발뒤꿈치에 싣고 스윙하라
왼발 오르막 라이에서 목표보다 오른쪽을 겨냥하라
왼발 내리막 라이에서 임팩트 후에도 왼발 무릎을 구부려라

벙커샷
그린 주변 벙커샷
거리에 따른 벙커샷
오르막 내리막 라이
에그후라이
모래 표면이 부드러울 때, 단단할 때
페어웨이 벙커샷

벙커샷 연습방법
연습장에서 고무티를 이용하여 감을 익혀라
실제 벙커에서 선을 그어 놓고 연습하라

조윤지 프로

01 트러블샷 TROUBLE SHOT

:: 볼이 스탠스보다 높이 있을 때 클럽을 짧게 잡고 오른쪽을 조준하라

문제점 볼이 스탠스보다 높은 상황에서 샷을 하면 훅이 난다는 사실을 잘 알고 있으면서도 결국 훅으로 그린을 미스하는가? 경사도에 따라 클럽을 짧게 잡고 대처하는 것만으로도 충분할 수 있지만 목표보다 오른쪽으로 에이밍하여 샷을 해도 된다.

연습방법 임팩트 시에 클럽페이스가 닫히는 정도는 스윙의 방향을 결정하는 중요한 요소이다. 어드레스 때 클럽을 짧게 잡는 것부터 시작해서 경사도에 따라 클럽을 오픈시키며, 에이밍(aiming) 또한 목표보다 오른쪽으로 조준하여 얼라이먼트(alignment) 한다.

실제 샷을 하기 전에 연습 스윙을 해보는데, 백스윙에 이은 임팩트 직전까지만 해보면서 클럽이 지면의 어느 지점을 맞히는지 확인한 다음, 볼을 그 지점 바로 뒤에 놓는다. 이때 클럽페이스의 방향을 확인하는 것이 중요하다. 만일 클럽페이스가 목표보다 왼쪽을 가리키면 좀 더 오픈시켜 셋업을 다시 하고, 반대 상황이면 셋업을 적절하게 조준해야 한다.

경사도를 따라 몸을 셋업하면 클럽의 라이각(lie angle)이 세워져서 클럽을 더 길게 만드는 효과가 있으므로, 상체를 세우고 평상시보다 경사도를 감안하여 볼과 몸의 간격을 좀 더 멀리하여 어드레스한다. 이때 중력의 반대 방향, 즉 발의 앞쪽에 체중을 실어야 한다. 이렇게 하면 어드레스 때 샤프트가 좀 더 완만해진다.

스윙할 때 클럽이 몸을 더 휘감아 돌면서 클럽페이스도 돌아가고, 오른쪽에서 왼쪽으로 휘어지는 샷이 나올 수 있다. 이를 상쇄하려면 목표보다 오른쪽을 겨냥하고 탄도가 낮아 볼이 많이 굴러갈 것을 감안한다. 이때 롱아이언은 로프트 각도가 숏아이언보다 낮기 때문에 숏아이언일수록 왼쪽으로 휘어지는 정도가 심하고 롱 아이언일수록 덜 휘어지기 때문에 잘 적용하여야 한다.

Lesson 06 **트러블샷 뛰어넘기**

어드레스

1. 체중은 양발에 균등하게 배분하고 양쪽에 무게중심을 두어야 한다. 가리키는 방향을 점검하며, 목표보다 약간 오른쪽을 가리키는 것이 바람직하다.

백스윙

2. 척추 기울기를 유지한다.
   하체의 균형이 무너지지 않게 주의한다.

팔로우스루

3. 몸의 균형이 가장 중요하다. 몸의 균형유지를 위해 하체의 움직임을 제한하고 피니시는 생략한다. 피니시를 생략하는 컨트롤 스윙으로 마무리하기 때문에 한두 클럽 길게 선택한다.

볼이 발보다 낮은 곳에 있을 때 체중을 발뒤꿈치에 싣고 스윙하라

문제점 볼이 발보다 낮은 곳에 있을 때 슬라이스가 나거나 생크가 발생하는가?
어드레스 자세를 취하기가 힘들어 평지와 동일하게 자세를 취하는가?
이러한 실수는 지형에 따른 어드레스와 샷을 구사하지 못하기 때문이다.

연습방법 하체를 고정시키면서 체중을 발뒤꿈치에 유지하여 균형 잡힌 스윙을 하는 것이 필수이다. 따라서 평소보다 넓은 스탠스를 취하고 히프를 뒤로 뺀 채 무릎을 많이 굽힌다. 결국 하체를 튼튼히 고정시켜야 하는데, 이것은 다시 말해서 상체의 움직임이 스윙의 대부분을 차지한다는 것과 같다. 볼이 발보다 아래 있다는 것은 그만큼 몸이 볼에서 멀리 있다는 뜻이므로 클럽을 최대한 길게 잡아서 이를 상쇄할 수 있도록 해야 한다. 양팔의 회전으로 이루어지는 스윙은 다운스윙 중 임팩트 직전에 회전 타이밍이 이루어져야 한다. 클럽페이스와 스탠스를 약간 크로스시켜서 페이드 스핀의 영향을 반감시켜주는 것도 좋은 방법이다.

볼이 발보다 낮은 곳에 있을 때에는 스윙 시 클럽이 위아래로 더 많이 움직이고, 페이스의 회전은 줄어들기 때문에 왼쪽에서 오른쪽으로 휘어지는 샷이 나올 수 있다. 이렇게 오른쪽으로 휘어지는 것을 감안해서 더 타겟의 왼쪽으로 에이밍한다. 숏아이언일수록 오른쪽으로 휘어지는 정도가 심하고 롱아이언일수록 덜 휘어지기 때문에 잘 적용하여야 한다.

Lesson 06 트러블샷 뛰어넘기

어드레스

1. 평소보다 많이 굽혀 체중을 뒤의 약간 왼쪽에 둔다. 한 두 클럽 길게 선택한다.

백스윙

2. 평소보다 더 열린다. 빨리 접히고 겨드랑이가 뻗어진다. 하체의 균형을 유지하고 척추의 각이 변하지 않게 한다.

팔로우스루

3. 빨리 접히고 겨드랑이가 붙는다. 절대 어깨가 들려서는 안 된다. 몸의 균형유지를 위해 피니시는 생략한다.

왼발 오르막 라이에서 목표보다 오른쪽을 겨냥하라

문제점 완벽하게 페어웨이(fairway)로 볼을 보내도 볼이 항상 편평한 라이(lie)에 놓이는 것은 아니다. 특히 국내 골프장은 산악지형에서는 짧지만 난이도를 높이기 위해 경사도를 많이 준 것이 특징이다. 그 중에서도 오르막 라이와 내리막 라이가 많은데, 항상 긍정적인 사고를 갖고 대처할 준비가 되어 있어야 한다.

연습방법 오르막 라이에서 하는 샷은 더 높이 그리고 더 짧게 날아가며 왼쪽으로 치우치는 경향이 있다. 이를 보완하기 위해 목표의 오른쪽을 겨냥할 필요가 있다. 물론 경사가 심할수록 그에 따른 조준을 조정할 필요가 있다. 셋업할 때 양 어깨의 기울기는 지면의 경사도와 일치시킨다(사진 ❶). 그러면 체중의 많은 부분이 오른쪽에 실리게 된다. 지면과 최대한 수직 자세를 유지하려면 오른쪽 다리보다 왼쪽 다리가 더 구부러지게 된다. 평지보다 한두 클럽 더 긴 클럽을 사용하는 것도 잊지 않아야 한다.

클럽의 소울(sole, 밑면)을 정확하게 지면에 댄 다음 어드레스 자세를 취한다. 만일 홀까지의 거리가 많이 남았다면 페어웨이 메탈을 사용해도 의외로 쉬운 샷을 할 수 있다. 백스윙을 할 때도 스윙 축이 몸에 직각을 유지할 수 있도록 가능한 한 길게 경사면에 따라서 클럽헤드가 움직이도록 한다. 경사를 따라 스윙하며, 오른쪽에 실린 체중 때문에 백스윙에서 엉덩이의 회전이 자연히 제한받게 되므로 무리하게 회전시키려고 할 필요는 없다. 임팩트를 지나 팔로우스루 때 스윙이 위로 올라가는 느낌이 들 것이다. 이때 몸통이 회전되지 않고 팔로만 스윙을 하게 되면 심한 훅샷이 발생하게 되므로 몸의 균형유지를 위해 피니시는 생략한다(사진 ❸).

Lesson 06 트러블샷 뛰어넘기

어드레스

1 어깨의 기울기는 지면의 경사도와 일치시킨다. 볼의 위치는 경사면에 따라 약간 왼쪽에 둔다. 체중이 오른쪽에 많이 실리므로, 왼쪽 무릎은 오른쪽 무릎보다 더 굽혀진다.

백스윙

2 클럽은 평상시보다 낮게 둔다.
하체의 균형을 유지하고 척추각이 변하지 않게 백스윙 한다.

팔로우스루

3 몸의 균형유지를 위해 피니시는 생략한다. 펀치샷(punch shot)의 피니시를 취한다. 클럽 선택 시 경사도에 따라 길게 잡는다.

왼발 내리막 라이에서 임팩트 후에도 왼발 무릎을 구부려라

문제점 대부분의 골퍼는 오르막 라이보다 내리막 라이의 샷을 더 어려워한다. 경사면에서 샷을 할 때 가장 중요한 점은 경사면에 억지로 대항하지 않는 것이다. 가능한 한 지면의 기울기에 많이 순응하면서 편평한 라이에서처럼 볼을 직각으로 대할 수 있도록 해야 한다.

연습방법 내리막 라이는 경사로 인해 클럽의 로프트가 감소되어 볼이 평지에서만큼 높이 뜨지 않게 된다. 따라서 클럽의 리딩 에지(leading edge)가 지면에 완전히 닿도록 하고, 평소보다 한 클럽 짧은 클럽을 사용해야 한다. 이렇게 로프트가 큰 클럽을 사용하더라도 볼이 떨어진 후 런(run)이 평소보다 길어지는 것을 감안하여 샷을 해야 한다. 또한 볼이 오른쪽으로 휘어지는 구질이 발생하기 때문에 목표의 왼쪽을 겨냥해야 한다.

이 역시 경사도가 심할수록 오른쪽으로 더 휘어지므로 왼쪽으로 겨냥하는 정도를 조절할 필요가 있다. 내리막 라이에서는 특히 볼의 윗부분을 치기가 쉬우므로 스윙하는 동안 자세를 그대로 유지하기 위해 노력해야 한다. 연습 스윙을 통해 클럽헤드가 지면에 닿는 지점을 확인하고 볼의 위치를 발의 위치와 연관시켜야 하는데, 대부분의 내리막 라이에서는 볼의 위치를 경사가 높은 오른발쪽에 놓고 어깨를 지형과 평행하게 해야 한다. 경사를 따라 스윙하고 볼을 의도적으로 띄우려고 노력하지 않으며 임팩트 후에는 경사면에 따라 왼쪽 무릎을 더 굽힌 상태로 피니시 동작을 취한다.

왼발 오르막, 내리막 라이에서 볼의 위치 및 체중 분배

왼발 오르막, 내리막 라이에서 쉽게 볼의 위치를 확인하는 또 다른 방법은 어드레스 자세에서 볼의 위치를 배꼽의 위치와 일직선으로 정렬시키면 된다.
또한, 경사가 심할수록 체중은 한쪽으로 치우쳐서 중심이 무너지는 원인이 되므로 가능하면 양발의 무릎을 6:4의 비율로 상쇄하여 조정하면 미스샷을 줄일 수 있다.

Lesson 06 트러블샷 뛰어넘기

어드레스

1. 어깨의 기울기는 지면의 경사도와 일치시킨다. 볼의 위치는 경사면에 따라 오른쪽에 둔다. 무릎은 적당히 구부려서 왼쪽에 체중을 싣는다.

백스윙

2. 가볍게 어깨를 턱밑으로 회전시킨다. 무리하게 체중을 오른쪽으로 옮기려 하지 않는다.
어드레스 시의 척추의 각을 유지한다.

팔로우스루

3. 무릎은 임팩트 후에도 계속 구부리는 느낌을 갖는다. 하체의 균형유지에 힘쓰고 피니시는 생략한다.

02 벙커샷 BUNKER SHOT

벙커 그립

① Widen your stance (스탠스를 넓힌다.) ② Bend your knees (무릎을 낮춘다.)
③ Lower the handle (손목의 각을 낮춘다.) ④ Open the faces (클럽페이스를 오픈시킨다.)

그린 주변 벙커샷

목표보다 왼쪽으로 스탠스를 오픈하라

문제점 벙커샷을 스탠스와 관계없이 아웃사이드 인(outside-in) 궤도로 스윙하는가? 아니면 스탠스를 오픈했는데도 스윙을 더 아웃사이드 인으로 하는가? 그렇다면 볼은 벙커에서 빠져 나오지 못하고 클럽헤드만 모래에 더 파묻히고 말 것이다. 볼을 얼마나 띄워야 하고 볼이 모래에 파묻혀 있는 정도에 따라 스탠스의 오픈 정도가 결정되며, 그 스탠스에 따라 평소와 같이 스윙을 하면 그것이 곧 아웃사이드 인의 스윙으로 보이는 것이지 일부러 그렇게 만드는 것은 아니다.

연습방법 일반적으로 벙커에서 볼을 띄우고 클럽이 모래에 파묻히지 않도록 하려면 클럽페이스를 오픈시켜 준다. 그러나 클럽만 오픈해서 스윙하면 볼이 목표보다 오른쪽으로 가기 때문에, 스탠스와 얼라이먼트의 방향은 목표의 왼쪽을 향하도록 오픈시켜 주어야 한다. 그리고 스탠스와 평행이 되도록 스윙을 하면 아웃사이드 인의 스윙 궤도를 만들 수 있다. 무게 중심은 발 앞쪽이 아닌 뒤꿈치쪽에 실리도록 하는 것이 좋고, 양발은 모래 속에 반쯤 잠기도록 좌·우로 움직여서 자리를 잡는다. 백스윙 때 클럽을 가파른 각도로 들어 올리고 그대로 다운스윙을 해 클럽의 바운스(bounce)가 모래를 폭발시켜서 공이 빠져나갈 수 있도록 강한 임팩트를 구사해야 한다. 임팩트 순간 보통 볼에서 5cm~10cm 뒤쪽 지점을 가격하지만 부드러운 모래이거나 거리가 멀 경우 볼과 좀 더 가까운 지점을 가격하면 된다. 스윙이 커질수록 몸을 많이 쓰게 되어 샷의 정확성을 떨어뜨리기 때문에 피니시는 어깨 높이까지만 하는 것이 좋다.

어드레스

1. 지면에서 살짝 떨어져 있다.
   스탠스를 오픈시키며, 스탠스 방향과 스윙 방향은 평행하게 한다. 그립끝은 배꼽에 위치한다.

백스윙

2. 업라이트로 가파르게 올라간다.
   백스윙은 너무 크거나 너무 작지 않게 적당한 크기로 한다.

임팩트

3. 볼 뒤 약 5cm정도를 클럽의 바운스를 사용하여 모래를 폭발시킨다. 임팩트 시 클럽헤드를 가속시킨다.

팔로우스루

4. 클럽페이스를 오픈시키면 소울 부분이 모래에 먼저 닿는다. 임팩트 후에도 일어서지 말고 그대로 유지한다.

거리에 따른 벙커샷

핀에서 가까운 경우와 먼 경우 벙커 샷의 원리를 이해하지 못하면 벙커 공포에 빠지게 된다.

핀에서 가까운 경우, 핀에서 먼 경우

문제점 핀에서 가까운 경우와 핀에서 먼 경우 벙커 샷의 원리를 이해하지 못하면 벙커 공포에 빠지게 된다. 그린에서 멀리 떨어졌을 때의 전형적인 실수는 거리를 의식한 나머지 힘을 너무 가해 클럽헤드가 모래 속에 파묻혀 버리는 것이다. 또 반대 유형으로 깨끗하게 컨택(contact)한다고 모래를 적게 퍼내는 약한 스윙을 하게 된다. 그러나 이 샷의 핵심은 힘에 의존하는 것이 아니다.

핀에서 가까운 경우 연습방법 볼을 높이 띄워야 하고 백스핀을 주어야 한다. 평소보다 스탠스와 클럽을 충분히 오픈시키고 그립을 짧게 잡는다. 어드레스 때 스탠스를 넓게 하고 몸을 조금 더 낮추어 하체를 단단히 고정시킨다. 볼의 위치는 가급적이면 왼발 쪽에 놓고, 클럽을 쥔 손은 볼보다 뒤쪽 또는 일직선 상에 두고 샷을 하면 더 쉽게 볼을 띄울 수 있다. 오픈스탠스로 인해 자연스럽게 헤드가 바깥쪽으로 빠져서 아웃사이드-인의 스윙 궤도가 그려지고, 얼리 코킹(early cocking)을 하여 콤팩트한 백스윙 톱을 만든다. 이렇게 하면 다운스윙 시 더욱 강하고 충분한 스피드를 만들어주고 임팩트 순간 바운스(bounce)로 모래를 폭발시킨다. 스윙을 하는 동안 앞발에 체중을 더 실어주고 클럽헤드가 볼을 지난 뒤 가속될 수 있도록 노력한다. 그러면 볼이 가볍고 천천히 날아간다는 느낌이 들 것이다.

핀에서 먼 경우 연습방법 핀이 가까운 경우보다 쉽게 대응할 수 있다. 클럽을 여는 것은 마찬가지지만 많이 열지는 않게 한다. 오픈 스탠스가 되도록 스퀘어 하게 만든다. 이때 클럽과 스탠스를 여는 것도 자기만의 기준이 있으면 좋다. 볼의 위치는 오른발쪽에 놓고 손을 볼보다 앞쪽에 오도록 하여 클럽의 샤프트가 목표쪽으로 기울도록 한다. 왜냐하면 모래만 얇게 떠내야 하기 때문에 지면과의 접촉 시간을 줄여주기 위해서이다. 또한, 스윙을 하는 동안 왼쪽 발에 체중을 두고 머리를 고정한다는 느낌으로 하체의 움직임을 최소화하는데, 이는 정확한 임팩트를 만들기 위해서이다. 핀에서 가까운 경우와 비슷한 스윙크기로 스윙하고 거리에 따라 로프트가 세워진 52° 웨지, PW, 9번 아이언 등의 클럽을 다양하게 선택하는 것도 요령이다.

핀에서 가까운 경우

① 오픈 스탠스를 한다.
② 클럽페이스는 오픈시켜준다.
③ 볼은 왼쪽에 둔다.
④ 왼쪽 어깨로 스윙을 주도한다.
⑤ 팔과 클럽의 정렬은 대문자 "Y"자 처럼 정렬한다.
⑥ 클럽은 얼리 코킹으로 가파르게 올라간다. 이때 왼손 손목이 코킹되면서 머리쪽으로 향해야 임팩트 시 바운스 이용이 쉬워진다.

Lesson 06 트러블샷 뛰어넘기

핀에서 먼 경우

① 볼은 오른쪽에 둔다. 클럽페이스를 많이 오픈하지 않을 경우 볼의 위치를 중앙에 두어도 된다.
② 스퀘어 스탠스를 취하고 임팩트 이후에 어깨는 턱밑으로 내려간다.

오르막 내리막 라이

문제점 볼이 오르막 내리막 라이 상황에서 그저 강하게만 쳐서 벙커에서 볼을 꺼내는 것만으로 만족하는가? 어려운 상황에서도 몇 가지 요령만 알면 자신이 원하는 위치로 볼을 탈출시킬 수 있다.

연습방법

오르막 라이

오르막 라이에서는 벙커샷을 할 때 클럽의 로프트가 실제보다 더 커진다는 점을 잊어서는 안 된다. 56° 로프트인 샌드웨지(sand wedge)로 왼발이 오른발보다 높은 라이에서 벙커샷을 하면 그 클럽은 60° 이상의 로프트가 생기게 되기 때문에 경사도에 따라 54°, 52°, PW 등의 클럽을 다양하게 사용한다. 스윙은 경사면을 따라 이뤄져야 하고, 볼의 컨트롤을 위해 그립을 내려 잡는다. 클럽페이스를 오픈시켜 주고, 볼은 스탠스 중앙에 놓아야 하며 스탠스를 넓고 견고하게 유지해야 한다. 어드레스 때 어깨의 각도를 경사면의 각도와 일치시켜 줌으로써 클럽이 모래에 진입하는 각도가 너무 빨라지지 않도록 해주는 것이 중요하다. 백스윙은 얼리 코킹하여 가파르게 올라가도록 한다. 또한, 클럽페이스를 오픈시킨 상태를 유지하기 위해 왼쪽 손목이 임팩트를 지난 후에도 돌아가지 않도록 해야 한다. 모래를 깊이 파내지 않고 볼을 살짝 떠내듯이 쳐야 한다. 피니시는 짧고 간결하게 한다.

내리막 라이

내리막 라이는 경사면의 기울기 때문에 볼을 충분히 띄우기 힘든 데다 볼을 가격해 들어가는 스윙의 각도가 깊어지기 때문에 까다롭다. 스탠스와 클럽페이스를 평소처럼 오픈시키고, 어깨와 경사면의 기울기를 일치시킨다. 볼은 스탠스 중앙에서 약간 오른쪽에 두고, 스탠스를 넓게 하여 왼발쪽에 체중을 많이 두어서 몸의 균형을 잘 유지한다. 백스윙 할 때 손목을 바로 꺽으며 클럽을 가파르게 위로 올려야 한다. 다운스윙 시 다운블로(down blow)로 샷을 하며 내리막 경사를 따라 팔로우스루를 낮게 유지하는 것이 중요하다. 이때 팔로우스루를 하면서 몸통이 목표를 향하도록 계속 회전시켜주면 된다. 이렇게 하면 볼은 평소만큼 높게 떠오르지는 않지만 최소한 벙커에서 탈출할 수는 있다.

Lesson 06 트러블샷 뛰어넘기

오르막 라이

① 볼은 중앙에 둔다. ② 어깨와 경사면의 기울기를 일치시킨다.
③ 클럽은 얼리 코킹으로 가파르게 올린다. ④ 헤드가 경사면을 따라 올라가듯 스윙한다.
⑤ 경사면의 기울기에 따라 클럽 선택을 다양하게 한다.

내리막 라이
① 볼은 오른쪽에 둔다. ② 그립은 가볍게, 클럽은 짧게 잡는다.
③ 클럽페이스는 오픈시켜준다. ④ 체중을 왼발쪽에 둔다.
⑤ 어깨와 경사도의 기울기를 일치시킨다.

에그후라이

문제점 골퍼들이 벙커샷을 두려워하는 이유는 정확한 스윙이 아닌 경우 제대로 된 샷을 할 수 없기 때문이다. 샷을 하는 도중 클럽이 모래에 박혀 버리거나 모래만 떠내는 실수를 범하기도 하고, 볼을 띄웠더라도 거리를 조절하기가 불가능에 가깝다. 특히 볼이 모래에 박혀 윗부분만 보이는 에그후라이 상황은 절망에 가깝다. 이 정도 상황이면 스코어는 뒷전이다. 제대로 꺼내는 것도 여의치 않기 때문이다. 벙커샷, 그 중에서도 에그후라이 상황이 어려운 이유는 모래에 가로막혀 볼을 제대로 칠 수 없다는 것 이외에도 볼을 제대로 건져 올리는 것 자체가 힘들기 때문이다.

연습방법 기존의 방법과는 조금 다른 발상의 전환이 필요하다. 보통의 벙커샷과 달리 크로스 스탠스를 취하는 것이 좋다. 이는 볼이 왼쪽으로 날아가는 것을 방지하는 데 효과적이다. 또 어드레스 시 클럽페이스는 오픈하지 않고 수직 상태로 놓는다. 에그후라이 상황에서 페이스를 오픈할 경우 리딩엣지 부분이 모래에 튕겨나가 볼 윗부분을 때리는 탑볼이 나올 확률이 높다. 이를 방지하기 위해 백스윙 시 평상시 벙커샷보다 코킹을 빨리한다(early cocking). 다운스윙과 임팩트 과정에서 강력한 히팅이 필요하기 때문에 오른손의 주도적 역할이 중요하다. 클럽이 모래에 들어가면서 각도가 널카롭게 변하므로 팔로우스루는 간결하게 해준다. 샌드웨지보다 로프트 각도가 높은 어프로치웨지나 피칭웨지를 사용하면 좋은 효과를 볼 수 있다. 중요한 것은 거리와 방향 두 마리 토끼를 모두 잡는다는 욕심은 버리고 탈출을 최우선의 목표로 삼아야 한다.

1. 어드레스

그립을 내려잡고 양손의 힘을 평소보다 강하게 한다. 볼의 위치는 오른발 안쪽 선상에 둔다. 로프트를 닫아주어 클럽이 모래 깊이 들어갈 수 있도록 한다. 체중의 대부분을 왼발에 둔다.

2. 백스윙

백스윙을 아웃사이드로 할 필요 없이 가파르게 코킹을 한다. 테이크 어웨이 단계에서부터 손목을 미리 코킹한다(early cocking).

3. 팔로우스루

리딩엣지 부분으로 볼 뒤의 3cm 정도를 박아친다는 느낌으로 치고 공이 많이 굴러가는 것을 방지 하기 위해 팔로우는 길게 가지 않는다.
클럽헤드가 자연스럽게 모래 속을 파고들면서 폭발하듯 모래를 밀어내는 감각을 느낀다.

모래 표면이 부드러울 때, 단단할 때

문제점

모래를 느껴 보아라

스탠스를 취하면서 꼭 유의해야 할 점은 모래 상태를 점검하는 것이다. 즉 모래가 어느 정도 깊거나 얕은지 또는 젖어 있는지를 살펴야 한다. 그러나 규칙에 의해 모래 상태를 클럽이나 손으로 점검할 수는 없다. 모래 상태를 점검할 수 있는 방법은 볼이 모래에 박히는 정도를 보고서도 짐작할 수 있지만, 양발을 모래 속에 파묻을 때 느끼는 감각을 통해서 판단하는 것이 가장 정확하다.

모래의 표면부터 내부까지 부드러운 상태를 "무거운 모래"라고 표현한다. 클럽이 모래에 깊숙이 박히기 때문에 모래를 걷어내는 것이 상대적으로 힘들다는 의미이다. 그렇기 때문에 좀 더 강하게 스윙을 해야 모래와 볼을 함께 걷어낼 수 있다. 체중을 오른발에 둔 상태로 클럽을 가파르게 들었다가 볼 뒤 2-3cm 지점부터 볼 앞 3-5cm 지점의 모래를 강하게 쳐낸다.

표면부터 단단할 때 가벼운 모래라는 표현을 쓴다. 아마추어 골퍼의 경우 가벼운 모래일 때 미스샷이 많이 발생한다. 표면이 단단한 지면에서 클럽이 튕기며 탑볼을 쳐 볼이 날카롭게 날아가는 경우가 많다. 무거운 모래에서 볼을 강하게 멀리 쳐내지 못해서 다시 벙커로 굴러들어온 것보다 더 치명적인 결과다. 가벼운 모래일 때는 보다 부드럽게 볼을 쳐내는 샷을 구사해야 한다. 모래의 저항이 적으므로 스윙의 크기는 줄이는 것이 핵심 사항이다.

연습방법

모래의 표면이 부드러울 때(페이스 오픈)

클럽이 모래에 깊숙이 박혀서 모래를 걷어내는 것이 상대적으로 힘들기 때문에 좀 더 강하게 스윙을 해야 모래와 볼을 함께 걷어낼 수 있다.

모래의 표면이 단단할 때(웨지가 생긴대로)

가벼운 모래일 때는 보다 부드럽게 볼을 가볍게 쳐내는 샷을 구사해야 한다. 모래의 저항이 적으므로 스윙의 크기를 줄이는 것이 핵심이다.

김현수 프로

모래의 표면이 부드러울 때(페이스 오픈)

이보미 프로

모래의 표면이 단단할 때(웨지가 생긴대로)

※ 벙커샷 시 스윙의 일관성을 위해 모래 표면이 부드러울 때나 단단할 때 스윙크기나 스피드를 조절하는 것은 또 다른 실수를 유발할 수 있으므로 벙커샷을 완전히 마스터하기 전에는 클럽페이스의 오픈(open) 정도만 달리하는 것이 좋다.

페어웨이 벙커샷

연습방법 그립은 살짝 내려잡고, 하체를 고정하기 위해 발을 모래에 깊게 묻는다. 하체를 고정하고, 체중이동은 하지 않는다. 넉넉하게 클럽 선택을 하고 볼은 약간 오른쪽에 위치한다. 풀스윙을 하지 않아도 충분한 거리를 낼 수 있다. 볼만 컨텍(contact)한다는 생각보다 볼 앞에 디봇을 만든다는 느낌으로 임팩트한다. 이런 움직임을 위해 피니시까지 오른발 뒤꿈치를 모래에서 떼지 않도록 한다.

김현수 프로

페어웨이 벙커샷

1. 어드레스

그립을 내려잡고 하체를 고정하기 위해 발을 모래에 고정시킨다. 볼은 약간 오른쪽에 위치하고 한 클럽 넉넉하게 선택한다.

2. 임팩트

볼만 컨텍(contact)한다는 생각으로 볼 앞에 디봇을 만든다는 느낌으로 임팩트한다.

3. 피니시

피니시 할 때까지 오른발 뒷꿈치를 모래에서 떼지 않는다. 피니시는 끝까지 하지 않는다.

벙커샷 연습방법 BUNKER SHOT 03

:: 연습장에서 고무티를 이용하여 감을 익혀라

문제점 볼 뒤의 모래를 먼저 치려고 해도 볼을 직접 쳐서 그린을 넘겨 버리는가? 반대로 페어웨이 벙커에서 볼을 직접 치려 하다가 모래를 치고 마는 실수를 자주 저지르는가? 실제로 필드에 나가지 않고서는 벙커샷을 연습할 기회가 없지만 찾아보면 연습 방법이 전혀 없는 것도 아니다. 연습장에 깔려 있는 매트나 고무티에서도 충분한 연습이 가능하다.

연습방법

핀이 가까운 경우

볼을 고무티에 올려놓고 스탠스와 클럽페이스를 오픈하고 볼이 아닌 고무티를 치는 방법이다. 스윙을 하면 볼이 높이 띄워 올려지면서 클럽페이스의 윗 부분에 볼이 닿게 됨을 알 수 있다.

핀이 먼 경우

역시 볼을 고무티에 낮게 올려놓고 스탠스와 클럽페이스를 수직으로 취한 후 벙커 연습과는 달리 고무티와 볼 사이를 직접 치는 방법이다.

핀이 가까운 그린 주변

핀이 먼 그린 주변

:: 실제 벙커에서 선을 그어 놓고 연습하라

문제점 벙커에 볼이 빠지면 당황하지 말고 우선 볼 주변에 임팩트 할 지점을 정해야 한다. 목표 방향을 향해 모래에 달걀 모양의 작은 타원을 머리 속에 그리고, 다음으로 원 전체를 퍼낸다는 느낌으로 벙커샷을 해야 한다. 이런 방법으로 벙커샷을 연습하다 보면 벙커샷에 대한 두려움이 없어지는 것은 물론 강한 자신감이 생겨 전보다 훨씬 안정적인 벙커샷을 할 수 있게 된다.

연습방법 가장 쉽고 연습 효과가 좋은 방법은 모래에 선을 긋고 그 선에 맞추는 연습이다. 볼에 대한 부담감이 없고 클럽헤드가 모래 어느 부분에 닿는지 알 수 있기 때문에 스윙감을 빨리 찾을 수 있다.

처음에는 선만 긋고 연습하고 선을 잘 맞추면 선을 긋고 볼을 앞에 놓고 연습한다. 볼을 보지 말고 선을 보고 스윙하면 볼은 쉽게 벙커를 탈출하게 된다. 벙커샷은 자신감이 중요하다. 이렇게 여러 차례 연습하여 자신감이 생기면 어프로치보다 벙커샷이 쉽게 느껴질 것이다.

Lesson 06 트러블샷 뛰어넘기

벙커샷 연습 – 선을 그어 놓고 연습하기

1단계 사진❶처럼 모래 위에 선을 긋고 그 선을 맞추는 연습을 한다.

2단계 선 앞에 볼을 놓고 연습한다. 볼을 보지 말고 선을 보고 스윙한다.

3단계 선을 지우고 정상적인 벙커샷을 한다.

Lesson 07

그린 주변 공략법

그린 주변 공략법

어프로치 샷의 원리와 방법

치핑샷

피치샷

김하늘 프로

01 그린 주변 공략법

골프의 즐거움은 다양하다. 아마추어 골퍼들의 영원한 로망인 드라이버의 호쾌한 장타, 라운드 총 타수의 40%를 차지하는 퍼팅의 짜릿함, 파4에서의 두 번째 샷, 파5의 세 번째 샷 등 아이언샷의 정확성으로 버디 찬스를 만드는 시도 등이 골프를 즐겁게 만드는 요소일 것이다. 프로들은 숏 아이언의 정확성과 롱 아이언의 컨트롤(control)능력을 경기력의 중요한 요소로 생각하고 이를 위해 많은 연습을 한다.

하지만 골프샷은 사람이 구사하기에 완벽하지 않고 실수를 하기 마련이다. 다시 말하면, 골프는 "누가 실수를 덜 할 수 있는지?"의 싸움이라고 표현할 수 있을 것이다. 일단 그린 공략에 실패할 경우 이 실수를 커버할 수 있는 방법은 벙커(bunker), 러프(ruff), 오르막, 내리막 등의 지점에서 핀(pin)에 가깝게 붙여 1번의 퍼팅으로 파(par) 세이브 하는 것이다. 이렇게 실수를 만회하는 것 또한 골프 경기력의 중요한 요소이며 골프의 즐거움임에 모든 골퍼들은 동의할 것이다. 이러한 이유로 아마추어골퍼나 프로 구분없이 모두 숏게임에 많은 연습 시간을 할애하고 있다.

따라서, 본 장에서는 상황에 따른 그린 주변의 공략법, 어프로치의 원리와 방법에 대하여 알아보고 치핑샷과 피치샷으로 구분하였다. 이해를 돕기 위해 안신애 프로, 김하늘 프로, 이혜인 프로의 시범 동작을 통해서 알아봄으로써 그린 주변의 플레이에서 실수를 줄이고 스코어를 좋게 함으로써 골프의 즐거움을 배가시키는 기회가 되기를 바란다.

"가능하면 퍼팅을 해라, 퍼팅을 할 수 없으면 칩샷을 해라, 불가피한 경우에 피치샷을 해라." 골퍼들이 많이 듣는 격언이다. 이 격언의 근거는 볼을 띄우는 것보다 굴리는 것이 더 쉽다는 것을 의미한다.

골퍼가 백스윙을 길게 할수록, 속도를 증가시킬수록 오류를 범할 가능성이 더 커진다. 단적인 예로, 드라이버 샷, 아이언 샷, 피치 샷, 치핑샷, 그리고 퍼팅중에서 무엇이 가장 정확할까? 당연히 퍼팅이 가장 정확하다. 그 다음으로 정확한 것이 치핑샷이고, 마지막이 피치샷이다.

어프로치 샷의 원리와 방법

어프로치 샷(approach shot) 이라 함은 그린 주변에서 핀을 공략하기 위해서 범프 엔 런(bump and run)을 포함한 치핑샷과 볼을 일정 부분 띄워서 그린에 안착시킨 후 핀에 접근하는 피치샷 등이 모두 포함된다. 치핑샷은 볼이 날아가는 것보다 구르는 것이 많은 샷이다.

반면 피치샷은 구르는 것보다 날아가는 것이 많은 샷이다. 본 장에서는 어프로치의 원리 및 요령에 대하여 설명한다.

∷ 굴리고 싶을 때는 샤프트를 짧게 잡아라

문제점 샤프트(shaft)를 길게 잡고 왼팔과 샤프트가 하나가 되게 해서 움직이면 몸은 크게 움직이게 되어 헤드 무게로 인해 볼이 필요 이상으로 높이 뜨게 된다. 볼을 때리는 속도가 일정하지 않아 방향성과 거리 조절이 안되는가? 볼을 굴리고 싶을 때는 될 수 있는 한 샤프트를 짧게 집고 부드럽게 스윙해야 한다.

연습방법 움직임을 억제하기 위해서는 그립을 짧게 잡고 양 팔꿈치를 편안하게 구부리며 팔꿈치 아래에 팔 부분과 샤프트를 하나로 하여 스윙하면 몸의 움직임도 작아지고 헤드의 스위트 스팟(sweet spot)에 맞힐 확률도 높일 수 있다.

어드레스를 할 때 볼의 위치는 오른발 앞이나 오른발보다 더 뒤에 놓는다. 그리고 헤드보다 손이 앞으로(hand first) 나오게 한다. 그래야 클럽의 로프트각이 더 세워지므로 볼이 낮게 굴러가게 된다. 왼발은 약간 오픈시켜 놓고 체중은 왼발에 70% 이상 오게 하며 어깨는 볼을 보내는 방향과 평행하도록 한다. 어드레스 자세에서 백스윙 시 왼팔의 길이는 항상 일정한 길이가 유지되도록 노력해야 하고, 더 늘어지거나 팔꿈치를 굽혀서 짧아져서는 안 된다.

1. 팔꿈치는 편안하도록 약간 구부린다. 팔과 클럽을 일체화시켜준다. 그립은 왼쪽 허벅지 가운데에 위치한다.

2. 클럽헤드를 지면에서 낮게 이동시키면서 백스윙한다. 체중은 항상 왼쪽에 유지시킨다.

3. 하체의 모양이 변하지 않는다. 왼손의 손목 각도는 끝까지 유지한다. 임팩트 후 손목을 꺾거나 돌리지 않는다.

Lesson 07 그린 주변 공략법

작은 스윙이라도 어깨 회전을 하지 않고 손으로만 드는 경우가 있는데 손-어깨-몸통이 하나가 되어 스윙을 해야 한다. 팔로만 스윙하는 것이 아니라 그립 끝과 배꼽이 일자가 된다고 생각하고 몸통과 같이 바디 턴(body turn)이 된다고 생각하면 된다. 또한 임팩트 한 뒤 오른쪽 손목의 각도를 부드럽게 유지해야 하고 목표 방향으로 클럽페이스를 낮게 밀어줘야 한다. 이때 중요한 점은 팔의 삼각형 모양을 일정하게 유지해야 한다는 것이다.

샌드웨지로 로프트 각도를 클로우즈(close)시켜 런닝 어프로치 기술을 사용할 수 있지만, 때로는 7, 8, 9번 아이언으로 로프트각이 작은 클럽들을 사용하여 런(run)의 변화를 숙지하면 도움이 된다. 스윙 크기는 변하지 않고 일정하며 클럽만 바꿔 사용하는 것이다. 그린 주변에서의 플레이는 고정관념을 버리고 창조적이고 다양한 방법으로 상황에 따라 적용해야 더 좋은 결과를 얻을 수 있다.

:: 잔디가 단단할 때는 굴려라

문제점 코스의 잔디가 말라 있고 단단할 때는 그린에 볼을 안착시키는 것이 아주 어렵다. 높고 부드러운 피치샷이라도 트러블샷이 되어 굴러가기 쉽다. 가장 안전한 어프로치샷은 그린을 향해 볼이 낮고 오래 굴러가도록 하는 것이다.

연습방법

| 퍼트 | 가끔 잔디가 없는 단단한 맨땅에서 샌드웨지나 피칭을 사용하다가 뒷땅을 치는 경우가 종종 발생한다. 이러한 상황에서 그린 주변의 퍼트를 사용하면 더 좋은 결과를 만들어낼 수 있다. 먼저 그립을 견고하게 잡은 뒤 퍼팅 스트로크 때와 같이 볼을 왼발 가까이 놓고 왼발에 60~70%의 체중을 싣는다. 백스윙을 길게 하면 볼을 잘 컨택(contact)할 수 없기 때문에 짧게 해야 한다. 클럽헤드가 잔디를 맞히기 전에 볼의 중심에 맞혀야 볼에 스핀이 가해지면서 정확한 거리 컨트롤이 가능하다.

| 3번 우드 | 지면이 딱딱한 지역에서 3번 우드를 활용한 어프로치샷은 평상시 잔디가 짧은 곳에서도 다양하게 사용할 수 있는 샷이다. 이 샷은 그린 주변 20~50YD까지 가능하다. 프로선수들이 나무 밑과 같이 스윙을 제대로 할 수 없는 상황에서 이

샷을 트러블샷으로 선택해 위기에서 탈출하는 모습은 TV에서도 종종 볼 수 있다. 이 샷은 그립을 샤프트 쪽으로 내려잡은 뒤 탑 라인을 목표에 정렬한다. 스트로크는 퍼터와 동일하고, 로프트가 낮기 때문에 볼이 공중으로 날아가지 않는다. 스윙을 컨트롤하기는 쉽고 퍼터보다 런이 많다. 또한 3번 우드는 임팩트 시 잔디의 저항을 감소시키기 때문에 그린 주변의 러프에서도 사용할 수 있다.

| 웨지 | 지면이 단단할 때는 볼을 뒤쪽으로 놓고 잔디 위에서 볼을 먼저 가격해야 한다. 이러한 상황에서는 클럽페이스를 닫아준 상태로 유지하며, 다운블로(down blow)로 샷을 하는 것이 원칙이다. 이렇게 하면 볼의 중심에 정확히 맞출 수 있으며, 아울러 볼의 탄도를 낮게 유지할 수 있다.

퍼터로 사용할 때

1. 볼을 직접 내려치듯이 다운스윙을 한다. 체중은 왼발에 70% 정도 싣는다.

웨지로 사용을 할 때

2. 그립은 몸보다 왼쪽에 위치한다. 체중은 왼발에 실린다. 볼은 오른발에 위치한다.

긴 클럽은 짧게, 짧은 클럽은 길게 잡아라

문제점 그린 주변에서 치핑샷을 할 때 여러 클럽마다 똑같은 스윙 크기로 했으나 목표까지 거리가 일정하지 않아서 클럽을 다양하게 사용하지 못하고 하나의 클럽만 고집하는가? 이런 현상은 클럽마다 그립을 잡을 때 똑같은 길이가 되도록 조절하지 못했기 때문이다.

연습방법 아이언 클럽은 번호마다 그 길이가 다르다. 똑같은 그립을 짧게 잡았다 하더라도 손잡이를 제외한 샤프트 길이가 다르다는 뜻이다. 따라서 **긴 클럽은 짧게, 짧은 클럽은 길게 잡으면 어떤 클럽이든 같은 길이, 같은 스윙 크기로 샷을 할 수 있어 뜨고 구르는 차이만 다를 뿐 목표까지의 거리를 일정하게 할 수가 있다.** 어프로치샷은 거리보다 정확성을 추구해야 한다. 그립을 짧게 잡으면 정확한 임팩트와 컨트롤이 가능하고, 손목의 움직임도 제어할 수 있다. 그린 주변에서 핀을 공략할 때 한가지 클럽만을 사용하는 것보다 상황에 따라 클럽을 웨지부터 5번 아이언까지 다양하게 선택하는 것이 정확성을 높일 수 있다.

〈같은 스윙 크기로 샷하기〉

웨지 클럽을 사용할 때

3 일반적인 샷을 할 때처럼 길게 잡는다.

8번 아이언을 사용할 때

4 아이언의 그립 부분 중간 정도를 잡는다.

5번 아이언을 사용할 때

5 아이언의 그립 부분 1/3 지점을 짧게 잡는다.

손목이 아니라 어깨를 최대한 이용하라

문제점 40에서 70YD 거리의 어프로치샷을 할 때 다양한 크기나 임팩트 강도로만 조절하는가? 그렇다면 스윙 크기는 혼란스러울 정도로 다양해야 하고 너무 복잡해진다. 항상 일관된 몸통 스윙의 크기와 다양한 로프트의 클럽으로 공략하면 성공 확률을 더 높일 수 있다.

연습방법 일관된 몸통 스윙을 익히려면 대근육을 이용해야 한다. 바로 어깨를 이용한 원피스(one piece) 스윙이다. 만일 팔과 손목 같은 소근육을 이용하면 스윙 크기와 헤드 스피드가 항상 일관되지 못하고, 양 팔을 몸으로부터 일체감 없이 따로 떼어놓는 느낌의 스윙을 하게 된다. 중요한 것은 어드레스 시에 만들어진 양팔과 양 어깨가 만드는 삼각형을 백스윙이나 임팩트 그리고 피니시에서도 같은 모양으로 유지하는 것이다. 이러한 연습 방법은 스윙 시 몸의 분절의 움직임을 최소화하여 임팩트 시 정확성을 높여준다.

어프로치 샷이 그린에 떨어진 뒤, 굴러갈 수 있는 거리가 충분한 경우, 52°, 50° 웨지나 PW를 사용한다. 핀까지 벙커나 깊은 러프 지역이고 그린 앞에 핀이 있는 경우 굴릴 수 있는 공간이 없으므로 로프트 각이 큰 56°, 58°, 60°등의 웨지를 사용하여 약간 높은 탄도의 샷을 구사한다.

40~70YD 거리는 거리를 내면서도 컨트롤 하지 않으면 핀에 붙일 수 없다. 상황에 따라 클럽을 자유롭게 선택하지만 하프백스윙을 기준으로 거리를 계산하여 공략해야 한다. 특히, 임팩트 시 헤드의 스피드를 가속해야 굿샷이 나온다.

1 어드레스부터 손목이 아니라 어깨를 이용한다.

2 코킹을 하면 그립은 몸에서 떨어지나 그립 끝의 위치는 몸 안에 있게 된다.

3 손목이 릴리스되면서 그립 끝은 몸에서 떨어지나 그 위치는 역시 몸 안에 있게 된다.

4 임팩트 이후에도 하체의 움직임은 제한하고 그립 끝이 몸 안의 배꼽을 향한다.

체중을 반드시 왼발에 두어라

문제점 50YD 내외의 어프로치샷을 하면 백스윙을 할 때 체중을 오른발로 이동하는가? 만일 오른발에 있는 체중을 다운스윙에서 왼발로 이동하면 거리 조절이 어렵고 체중을 이동하지 않는다면 뒷땅이 나올 확률이 높아진다.

연습방법 오른발 뒤꿈치에 볼을 끼워 넣고 어드레스 자세를 취하면 자연히 왼발에 체중이 많이 실리게 된다. 이 상태에서 백스윙을 할 때 체중이 오른발 쪽으로 잘 옮겨지지 않지만 혹시 옮겨진다 하더라도 매우 불편한 자세가 되기 때문에 왼발에만 체중을 두게 된다. 스윙의 중심을 이루는 축을 안정되게 유지하는 것은 파워풀한 임팩트를 가능하게 해주고 어프로치 감각을 높여서 의도한 곳에 더욱 가깝게 볼을 보낼 수 있도록 해준다.

어드레스 때 체중을 왼발에 두면 왼쪽 다리가 고정된 축이 되고 이 회전축을 중심으로 스윙이 이루어지게 된다. 어프로치샷을 할 때 빠른 헤드 스피드가 필요하지 않기 때문에 체중이동 역시 많이 할 필요는 없다. 그 결과 축 위에서 회전하는 느낌으로 스윙하면 팔과 몸통의 대근육을 주로 이용하기 때문에 분절의 움직임을 최소화시켜 정확성을 높일 수 있다.

어드레스와 임팩트 자세

체중이 왼발에 그대로 남아 있다. 왼발에 체중을 싣는다.

치핑샷 CHIPPING SHOT

치핑샷 공략

"굴릴 수 있을 때는 무조건 굴려라. 그린 주변에서 퍼터를 포함한 웨지, 숏 아이언, 미들 아이언 그리고 경우에 따라서는 우드를 이용하여 굴려라." 많은 프로들과 아마추어 골퍼들을 대상으로 테스트한 결과 볼을 띄워서 핀(PIN)을 공략하는 것보다 치핑 샷(chipping shot)으로 공략하는 것이 훨씬 정확하다고 밝혀졌다. 따라서 그린 주변에서 공략 시 먼저 굴릴 수 있는지 체크한 후 상황에 따라 다음 단계의 방법을 생각하는 것이 좋다.

치핑샷의 어드레스 시 스탠스는 좁게 하고 체중은 왼발에 60%정도의 비율로 분포하고 임팩트에서 손목은 사용하지 않는다. 그립 끝에 긴 스틱을 부착하여 연습하면 손목의 사용에 대한 감각을 체크할 수 있다. 임팩트 시 손목을 사용하게 되면 스틱이 몸통을 때리게 되어 손목 사용의 문제점을 인지하게 되고 다음 샷에서는 이를 보완하여 샷을 하게 된다.

스윙의 진행과정 중 하체의 동작은 거의 생략하고 스윙궤도(swing path)는 직선으로 한다. 하체를 오픈시키는 것은 하체를 사용하지 않는다는 의미이다. 하체를 사용하게 되면 작은 스윙의 동작 중에서 많은 분절의 움직임을 사용하기 때문에 임팩트가 견고하지 못하게 된다.

샷을 하기 전에 프리샷 루틴(pre shot routine) 연습 스윙은 샷의 성패를 가르는 중요한 요소이다. 모든 레벨의 많은 골퍼들은 그린 주변에서 샷을 준비하는 데 있어 "현실적인" 연습 스윙의 중요성을 깨닫지 못하고 있는 것 같다. 많은 사람들이 잔디 느낌을 체크하는 정도만 연습 스윙을 하고 있으며, 종종 실제 샷과 완전히 다른 스윙 길이와 궤도(swing path)로 연습 스윙을 하는 것을 자주 보게 된다. 이 같은 방법은 아무런 느낌도 얻지 못하고 볼이 어떻게 날아서 착륙하고 굴러가는지에 대한 "미리보기"를 하지 못한 결과로 연습 스윙의 효과를 얻지 못하고 있다. 네비게이션도 없이 초행길을 운전하는 것과 티맵으로 미리 운행해 보기를 한 후 운전하면 훨씬 쉽고 심리적 안정감까지 얻게 되는 것과 같은 원리일 것이다.

치핑샷의 어드레스

볼이 떨어지는 지점을 찾아라
가능한 평평한 착륙 지점을 찾아야 한다. 많은 연습을 통해 거리감을 느껴야 한다.

손목의 움직임을 최소화해라
피니시 때까지 손목과 손이 가능한 적게 움직이도록 해야 한다. 임팩트 전후에 손목 모양이 변하지 않도록 한다.

그린을 분석해라
볼이 지면에 떨어지면 그린 위에서 어떻게 구르는지 분석한다.

언제나 손 뒤에 클럽을 둔다
클럽헤드가 절대 손 앞으로 나가면 안된다. 특히 보다 긴 치핑샷의 경우 왼팔과 샤프트가 일직선을 이루며 스윙을 할 수 있도록 연습한다.

최바름 프로

스탠스를 좁히고 체중은 왼발에 놓아라

문제점　클럽페이스를 목표 방향에 직각이 되도록 하고, 평소와 같은 그립을 취하고 스트로크를 했으나 볼의 방향이 목표 지점보다 항상 왼쪽으로 가는가? 볼의 위치를 너무 왼쪽에 두었기 때문에 클럽헤드가 안쪽으로 들어가면서 클럽페이스가 닫히는 상태에서 히팅되기 때문이다. 또한, 어드레스 때 지나친 훅 그립으로 잡았기 때문이다.

연습방법　우선 하체를 고정시키고 체중이동 현상을 없애기 위하여 좁은 스탠스를 취하되 양발의 앞끝을 목표 방향으로 오픈시킨다. 다운스윙에서 다운블로 샷, 즉 볼을 먼저 맞힐 수 있도록 볼의 위치를 오른발 쪽에 놓는다. 그러면 자연히 몸은 목표 방향 쪽으로 돌아가게 되고 볼은 마치 뒤에 놓인 것처럼 느껴지게 된다. 그 다음에 그립은 약간 슬라이스형(위크형)으로 취한다. 이렇게 하면 임팩트 순간 양손이 롤링된다 하더라도 클럽페이스가 닫히는 현상을 막을 수가 있다.

　양발의 간격을 좁게 서서 셋업한다. 양발의 간격을 좁히면 상체의 움직임을 최소화할 수 있고, 백스윙 크기도 자연스럽게 작아진다. 그 상태에서 퍼트 스트로크를 하듯이 어깨와 팔 위주로 움직여 샷을 하면 된다. 양손이 클럽헤드보다 목표 쪽으로 약간 앞으로 나가 있는 자세로 어드레스한 뒤 퍼팅 스트로크를 하듯 가볍게 볼을 톡 쳐준다. 백스윙 크기만큼만 팔로우스루를 해주면 된다.

잘못된 스윙

1, 2 훅형 그립을 취했을 때 양손이 오른쪽 방향으로 돌아가 있다.
임팩트 시 손목 사용으로 클럽페이스가 닫힐 수 있다.

잘 된 스윙

3, 4 약간 위크형 그립을 취한다. 그립의 위치가 왼발에 오도록 하고, 스탠스는 좁게 오픈시킨 뒤 체중이 왼발에 많이 실리도록 한다. 볼의 위치는 오른발 앞에 놓이도록 한다. 임팩트 시에도 손목이 오픈된다.

몸통 회전으로 스윙 크기를 조절하라

문제점 임팩트 시 힘의 강약으로 거리를 조절하는가? 힘의 강약으로 거리를 조절하면 손목을 사용하게 되어 일관성이 떨어진다. 볼을 맞히려는 충동 때문에 많은 아마추어들이 팔만 가지고 클럽을 움직인다. 하지만 피치샷 때처럼 풀스윙 임팩트 구간에서도 몸의 동작이 클럽의 추진력이 된다. 몸통 회전을 이용하여 스윙 크기로 거리감을 맞추는 것이 일관성을 높일 수 있는 방법이다.

연습방법 모든 스윙의 기본은 몸통 회전이다. 몸통을 상하체로 나누어 서로 꼬아주고 풀어주는 데서 근육의 탄성을 이용하는 방법으로 발전해 나간다. 몸통으로 스윙할 때 대근육의 움직임에 소근육들은 수동적이어야 하는데 소근육들이 스윙을 주도하면 실수가 시작된다.

치핑 스윙 역시 같은 원리이다. 아무리 작은 스윙에 의해 이루어지는 치핑샷이지만 대근육에 의해 주도되어야 한다. 양팔과 손을 회전시켜서 스윙하지 말고 몸통과 일체가 되어 몸통의 회전이 적고 많음에 따라 스윙 크기를 조절해 나가는 것이 바람직하다. 연습할 때 30, 40, 50YD 등의 타깃을 정해놓고 캐리로 보내는 연습을 많이 하며, 볼을 떨어뜨릴 가상의 지점을 정한 뒤 스윙 크기로 거리를 조절한다.

잘못된 스윙

1. 어깨의 회전 없이 양팔을 회전시켜 스윙하면 클럽페이스가 열리거나 닫혀 방향성이 나빠지고 거리 조절도 어렵다. 몸을 움직이지 않고 팔로만 스윙하기 때문이다. 아무리 작은 스윙이라도 몸을 함께 움직여 주어야 정확한 임팩트를 만들 수 있다.

잘 된 스윙

2 3 4 작게 어깨가 회전된다. 양팔은 돌아가지 않고 그대로 옆으로 밀려 나가며, 팔이 몸통에서 떨어지지 않는다. 페이스는 타깃을 향하고 헤드는 손 뒤로 돌아가지 않는다.

범프엔 런 샷 BUMP AND RUN SHOT

한국의 산악지형이나 스코틀랜드 링크스 코스처럼 바람이 강한 골프장에서 유용한 기술이다. 공을 띄우면 방향이 틀어지기 때문이다. 범프 앤드 런은 그린 앞 언덕에 떨어뜨려 속도를 줄인 뒤 굴러가게 만들어 홀 주변에 멈추는 어프로치 샷이다. 가장 먼저 해야 할 것은 떨어뜨릴 지점을 확실하게 정하는 것이다. 그린 주변 경사를 확인하고 볼이 굴러갈 지점을 생각해야 한다. 언덕을 맞고 난 다음에는 경사를 따라 공이 흐르는 만큼 중요한 것은 첫 번째 공이 떨어지는 지점과 그린의 경사다.

다른 말로는 '뱅크 샷(bank shot)' 또는 '칩 앤드 런(chip and run)'으로 표현한다. 공이 가는 경로에 나무나 워터해저드가 없고, 잔디가 딱딱할 때 효과를 본다.

범프(bump)는 동사로 '부딪히다', 명사로는 도로에서 속도를 내지 못하게 설치한 '스피드 억제물(speed bump)'이다. 피칭 웨지(PW)부터 5번 아이언까지 다양한 선택이 가능하다. 다음과 같은 원리로 샷을 한다.

① 공은 스탠스 중앙 또는 우측에 놓고, 체중은 왼쪽 '6' 오른쪽이 '4'다. 보폭은 좁게 서고 클럽페이스는 약간 닫는다.

② 낮은 탄도를 만들고 공을 살짝 띄운다.

③ 스윙은 퍼팅하는 것처럼 지나가듯 한 느낌으로 스윙을 한다. 백스윙보다 다운스윙을 더 가속시켜야 거리감이 맞는다.

④ 왼쪽 손목은 세워서 그립하고 그립은 약간 짧게 쥐어 컨트롤을 쉽게 한다.

〈범프엔 런 샷〉

:: 퍼팅자세로 '칩펏(chip putt)'을 하라

문제점 그린 주변의 볼의 라이가 좋지 않은 곳에서 자주 뒷땅이 나서 토핑에 시달리는가? 스윙 중 몸이 흔들리거나 클럽헤드가 높이 올라갔다 내려오는 시점에서 볼을 정확히 컨텍(contact)하지 못하기 때문이다. 손목 사용을 자제하고 스윙 자체를 낮게 쓸어서 할 수 있도록 퍼팅 형태의 스윙으로 임하는 것이 좋다.

연습방법 이번에는 요즘 유행하는 어프로치 중 한 가지를 배워 보기로 하자. 칩펏(chip putt)은 이름만으로 칩샷(chip shot)과 퍼팅(putting)의 합성어임을 바로 알 수 있을 것이다. 우선 클럽을 웨지로 잡고 볼 위치는 칩샷처럼 오른발 앞에 둔다. 스트로크 자세는 퍼팅처럼 손과 손목을 사용하지 않으면서 어깨의 스윙으로만 거리를 조절한다. 어드레스 시 클럽의 힐(heel) 부분이 들려서 페이스가 오픈될 수 있으니 클럽페이스를 조금 닫아준다. 중요한 것은 퍼팅 스트로크처럼 하되 볼에 접촉되는 부분이 페이스의 가운데 부분인 '스위트 스팟(sweet spot)'이나 페이스 윗부분이 되도록 한다.

맨땅이나 라이가 좋지 않을 경우 칩펏을 하면 뒷땅을 치지 않게 된다. 칩펏은 주로 내리막 경사길이나 러프 경계지점에서 사용된다. 볼이 일반 칩샷보다 상대적으로 덜 구르고 로프트각이 세워져 클럽헤드와 잔디의 마찰이 적기 때문이다. 상황에 따라서 숏 아이언이나 미들 아이언을 사용해도 좋은 샷을 할 수 있다. 짧은 거리의 칩샷 때 퍼팅 스타일의 칩펏은 좀 더 좋은 결과를 만들어 줄 것이다.

칩펏(chip putt)

그린 주변에서 잔디가 없는 맨 땅, 디봇 자리, 러프에서 앞핀을 공략할 때 퍼팅처럼 스트로크하는 칩펏(chip putt)을 시도하면 하체의 움직임과 손목의 사용을 제한하고 샷을 하기 때문에 좋은 결과를 만들어 낼 수 있다.

Lesson 07 그린 주변 공략법

1. 양팔은 퍼팅 스트로크를 할 때처럼 굽혀서 자세를 취한다. 퍼팅 그립과 같이한다.

2. 퍼팅과 같이 백스윙을 한다.

3. 힐 부분이 지면에서 떨어진다.
거리에 따라 스윙 크기를 달리하고, 양쪽 스윙 크기를 대칭시킨다.

∷ 짧은 어프로치에서의 키포인트 KEY IN SHORT APPROACH

1. 발로 느껴라(feel it with feet)

하체가 최대한 지면에 붙어서 강하게 밀착되었다는 느낌으로 스윙한다. 지면과 플레이어 몸(체중)과의 관계인 body force와 관계있는 표현이다. 이러한 동작은 임팩트 시 강한 스윙을 가능케 하고 몸에 있는 힘을 최대한 사용할 수 있는 기본적인 동작이다.

2. 오른쪽 팔을 체크하라(check your right arm)

오른쪽 팔이 인사이드 투 인사이드(inside to inside) 스윙 궤도로 정확하게 스윙하는지 확인한다. 팔로우스루 시 손의 위치는 눈높이에서 멈추어 정확한 스윙 크기를 입력하는 기준을 제공한다.

3. 샷을 하는 동안 흔들리지 말라(stay down through the shot)

어드레스에서 만들어진 척추의 각(spine angle)이 스윙을 하는 동안 흔들리지 않게 고정된 상태로 회전한다. 이러한 동작은 정확한 볼의 컨택(contact)을 가능케 한다.

4. 3/4스윙(three quarter swing)

대근육을 이용한 3/4의 간결한 스윙을 한다. 불필요한 신체 분절의 움직임을 제한하고 3/4으로 간결하게 스윙함으로써 더욱 견고하고 컴팩트한 스윙이 가능하다.

Lesson 07 그린 주변 공략법

4

245

04 피치샷 PITCH SHOT

:: 피치샷의 공략

그린 언저리에서 공과 그린 사이에 있는 잔디가 억세거나 그 상태가 좋지 못하여 퍼트 사용이 불가능하다고 느낄 때 플레이어는 언제나 칩샷을 사용한다. 온그린에 실패한 상황에서 최대한으로 컨트롤하고자 하는 것이 목적이다. 반면에 피치샷은 일단 땅에 떨어진 공이 구르지 않게 하기 위해서 높이 띄어야만 하는 경우에 사용된다.

① 홀컵이 프린지에 바짝 붙어 있을 때
② 꼭 띄워 넘겨야 할 러프 상황이나 벙커 또는 장애물을 넘길 수 있도록 볼을 높게 띄워서 핀에 가깝게 붙이는 경우
③ 그린의 경사가 불리하여 공을 부드럽게 안착 시키고 싶을 때

볼이 굴러가는 거리보다 공중에 떠가는 거리가 더 많은 것이 피치샷이다.

클럽 선택도 피칭웨지, 샌드웨지 등 웨지 클럽을 사용하는 것이 백스핀 양을 많게 하여 완벽한 피치샷을 구사할 수 있다.

피치샷을 잘하기 위한 방법은 다음과 같이 요약할 수 있다.

첫째, 클럽의 컨트롤을 좋게 하기 위해서 클럽을 짧게 잡는다. 클럽페이스는 열지 않는다. 클럽페이스를 열게 되면 볼이 뜨면서 거리 컨트롤이 되지 않는다.

두번째, 그립 압력은 견고하면서도 가볍게 잡는 것이 필요하다. 지나치게 긴장하여 굳어진 상태가 되지 않아야 한다. 견고한 그립일수록 클럽헤드 속도를 감소시키며 가벼운 그립일수록 클럽헤드 속도를 증가시키게 된다.

세번째, 긴 피치샷이나 하이 피치와 같이 더 긴 스윙 길이가 필요할 때에는 손 압력과 손목 코킹이 충분할 정도로 가벼워야 한다. 손목 코킹은 스윙을 만들기 위한 추

가적인 동작이며, 타이밍을 요구하기 때문에 연습을 통하여 손목 동작을 통한 거리 감각을 익히는 것이 필요하다.

네번째, 왼발과 엉덩이는 타깃에 대하여 오픈 상태가 되어야 한다. 이런 오픈된 어드레스 자세는 조준이 더 간단해지고 편해지기 때문이다. 피치샷 시에 사용을 위해 엉덩이와 왼발을 오픈하는 것은 타깃을 보고 스윙하는 것을 더 용이하게 만들고, 백스윙을 타깃 라인 안쪽이 아닌 타깃 라인 상에서 이루어지게 만들기 때문에 방향성이 좋아진다.

다섯번째, 스탠스는 풀스윙 시보다 좁게 선다. 어깨보다 약간 좁은 스탠스로 약간 오픈한다. 임팩트 이후 클럽페이스를 스퀘어하게 오래 유지할 수 있기 때문이다. 스탠스를 좁힘으로써 플레이어는 왼발에 체중을 더 많이 두는 자세를 만들 수 있고 회전에 의한 스윙을 만드는데 도움이 된다. 임팩트가 강한 스윙이 아니기 때문에 무게 중심은 왼쪽에 두면서 과도한 체중이동 하는 것을 피해야 한다. 강하거나 세게 쳐야 되는 경우에는 더 넓은 스탠스를 취하는 것이 좋다.

여섯번째, 그린 주위에서 이루어지는 짧은 샷은 클럽이 볼 통과 시 속도를 줄이는 것이 아니라 가속을 해야 한다. 속도의 감속은 숏 게임을 망치는 원인이 되기에 골퍼가 가지고 있는 신체 리듬 안에서 가속을 하는 것이 정확성에 도움이 된다.

피치샷은 본질적으로 미니 풀스윙이라고 볼 수 있기 때문에 이 샷의 정확한 임팩트가 어떤 느낌인지 이해하는 것은 아주 중요하다. 만일 웨지로 정확한 피치샷을 할 수 있다면 골프백에 있는 모든 클럽으로 정확한 풀스윙을 할 수 있게 된다.

그루브(groove)란?

골프클럽헤드에 그루브 라인을 넣는 목적은 크게 두 가지로 그 하나는 골퍼의 심리적 안정감을 주기 위함이고, 또 하나는 공이 페이스 면에 닿았을 때 볼의 회전을 돕고 백스핀량을 증가시키기 위한 것이다. 고속 스윙 시 클럽의 페이스가 공에 닿으면 공의 표면이 헤드 페이스에 깊이 밀착되면서 클럽헤드의 그루브가 공을 붙잡아 백스핀을 일으키게 된다. 분당 약 1만 rpm 정도가 되며, 백스핀은 볼의 상승을 일으켜 보다 높게 날아가게 한다.

피치샷 어드레스

무릎과 힙은 타깃을 향해라
다운스윙 시 볼에 접근 각도를 보다 가파르게 할 수 있으며 타격 시 볼에 더 많은 압축을 가함으로 보다 많은 회전을 줄 수 있다.

어깨는 타깃과 평행하게 만든다
양쪽 어깨를 이어주는 선은 볼과 타깃을 이어주는 선과 평행이 되게 한다. 따라서 어깨선을 따라 스윙을 하는 것이 좋다.

일정한 템포를 유지해라
백스윙을 하는 순간 최고점에서 동작을 약간 멈추면 일정한 템포 유지에 도움이 된다.

왼쪽 다리를 고정해라
왼쪽 다리는 축이 돼야 한다. 따라서 왼쪽 다리는 피니시까지 어드레스 시 위치에 그대로 고정시켜야 한다.

:: 스윙은 항상 좌우 대칭이 되게 하라

문제점 필요 이상으로 백스윙이 큰 데 비해 팔로우스루는 적은가? 반대로 백스윙에 비해 팔로우스루가 지나치게 큰가? 피치샷은 백스윙의 크기로 거리를 조절해야 하지만, 백스윙의 크기만큼 팔로우스루를 충분히 할 수 있다.

연습방법 백스윙에서 그립을 어깨 높이까지 올렸다면 팔로우스루에서도 그립이 반대쪽 어깨 높이까지 올라가도록 스윙한다. 만일 짧은 거리를 보내기 위해 허리까지 올렸다면 역시 팔로우스루에서도 허리까지 올려준다.

피치샷을 할 때는 손목이나 팔 등의 소근육을 되도록 사용하지 말아야 한다. 팔로만 스윙을 하면 미스샷을 내는 일도 많아진다. 이럴 때 겨드랑이에 수건을 끼우거나 벨트를 착용하고 연습하는 피치샷 연습이 효과적이다. 상체의 회전 동작이 양팔의 백스윙 및 팔로우스루 동작과 함께 이뤄진다. 몸통으로 하는 스윙 연습이 효과적으로 이뤄지는 것이다. 팔로만 스윙을 하거나 임팩트 때 몸통이 같이 돌지 않으면 수건이 떨어지게 된다. 피치샷은 힘보다는 정확성과 컨트롤이 필요하며, 효과적인 컨트롤을 위해서는 그립을 짧게 잡는다. 피치샷은 클럽(피칭웨지, 샌드웨지, 9번 아이언 등)을 선택하고 자신의 거리를 측정하여 자신에게 맞는 클럽을 찾거나 거리를 맞추는 연습을 하면 된다. 피치샷의 세 가지 핵심 요소는 정확도, 샷 컨트롤 능력, 정확한 거리 계산이다.

피치샷을 연습할 때에는 중간에서 멈추지 말고 꼭 피니시까지 해주는 습관을 기르는 것이 바람직하다.

30YD 스윙(샌드웨지)

60YD 스윙(샌드웨지)

펀치샷은 반드시 볼을 오른발에 두어라

문제점 펀치샷(punch shot)을 구사해야 되는 상황에서도 풀스윙을 하는가? 어프로치샷에서도 펀치샷을 해야 할 상황이 많다. 나뭇가지 밑에 볼이 있어서 팔로우스루를 하기 힘들거나 모래가 많은 잔디 위에 볼이 있거나, 디보트 속에 볼이 있거나 바람이 많이 불 때 등이다.

연습방법 펀치샷에서 볼의 탄도를 낮게 보내기 위해서 평소보다 볼을 오른발에 두고 어드레스 자세를 취한다. 그러면 자연스럽게 클럽 로프트가 세워져 볼을 낮게 보낼 수 있다. 팔을 몸통에 붙인 채 몸통 회전으로 가파르게 백스윙하고 그대로 다시 몸통 회전으로 볼을 직접 가격한 후 손목 움직임을 제한해야 한다. 그리고 클럽을 낮고 길게 끊어주듯이 목표 방향으로 뻗는 팔로우스루를 한다.

특히 바람이 불 때는 볼을 낮게 보내서 바람의 영향을 덜 받도록 하는 것이 유리하다. 클럽을 한두 클럽 길게 잡고 풀스윙보다는 하프스윙에 가까운 스윙 크기로 가급적 부드럽게 볼을 때리는 것이 좋다. 볼을 가격하는 동시에 몸통을 함께 돌려준다. 또한 펀치샷에서는 머리 위치를 끝까지 지켜야 정확한 임팩트가 가능하다.

일반적인 펀치샷 요령을 정리하면 다음과 같다.

① 볼을 스탠스의 오른쪽에 놓고 약간 끊어치는 기분으로 샷을 한다.
② 펀치샷을 구사할 때 임팩트 전후 손목의 움직임을 제한해야 한다.
③ 클럽페이스가 목표와 직각을 유지하고, 팔로우스루를 낮게 가져간다.
④ 겨드랑이를 몸통에 붙이고 샷을 한다.

1. 클럽페이스는 목표를 향해 직각으로 정렬한다. 그립은 약간 왼발 쪽에 위치한다. 왼발에 체중이 실리도록 하고 스윙 도중 옮기지 않는다. 볼은 오른발쪽에 위치한다.

2. 클럽은 가파르게 올라가고, 몸통 회전으로 백스윙한다.

3. 왼 손등으로 스윙을 리드하고, 임팩트 후 손목의 움직임을 제한한다.

4. 짧고 간결한 피니시를 취한다.

클럽페이스를 오른쪽으로 열어라

문제점 짧은 거리를 높게 띄우고 백스핀을 주고 싶지만 토핑으로 그린을 넘어가거나, 띄웠다 하더라도 목표보다 훨씬 오른쪽으로 볼이 날아가는가? '로브샷(lob shot)'이라고 하는 고도의 테크닉이 필요한 샷으로 충분한 연습으로 시도해볼 만한 매력적인 샷이기도 하다.

연습방법 목표보다 왼쪽으로 에이밍하여 어드레스 자세를 취한다. 이때 클럽페이스는 오른쪽으로 오픈시키고 클럽페이스를 오픈시킨 만큼 스탠스는 반대로 왼쪽으로 오픈시킨다. 손목 스냅을 이용하면 그만큼 더 뜨고 백스핀도 줄 수 있다. 스탠스를 열어주고 양발을 목표의 왼쪽으로 정렬한다. 페이스를 열어서 목표의 오른쪽을 겨냥한다.

볼을 스탠스의 앞쪽에 오게 하고, 스탠스의 정렬선을 따라 천천히 길게 스윙을 한다. 페이스를 많이 열어줄수록 볼이 더 높이 치솟아 더욱 부드럽게 지면으로 내려앉게 된다. 이러한 기술을 자주 연습해 거리에 따라 페이스를 어느 정도로 조정해야 하는지를 감각으로 느끼게 연습한다. 로브샷은 다음과 같은 원리에 의해 구사하면 좋은 결과를 가져다 준다.

① 그린이 완전히 내리막인 상황에서 필요하다.
② 자신의 클럽 중 가장 로프트 각이 큰 클럽을 선택한다.
③ 클럽페이스는 오픈하고 오른손만으로 연습 스윙하여 바운스로 잔디를 친다.
④ 그립을 짧게 잡고 목표보다 왼쪽을 향해 어드레스 한다.
⑤ 리딩웨지를 열면서 바깥쪽으로 백스윙한다.
⑥ 헤드 무게로 떨어지는 임팩트 후 클럽페이스가 하늘을 보는 팔로우스루를 한다.
⑦ 로브샷을 구사할 때 손목은 힘을 빼고 부드럽게 유지한다.

1. 목표지점보다 왼쪽을 향해 몸을 정렬시킨다. 보내고자 하는 거리와 띄우고자 하는 높이에 비례해서 스탠스를 넓히고 오픈시켜 준다.

2. 가파르게 올라간 클럽은 목표 방향에 비해 업라이트하게 올라간다. 오른 팔꿈치는 지면을 향한다.

3. 임팩트 이후에도 클럽페이스가 열린 상태로 유지시켜 준다.

4. 클럽페이스는 계속 오픈되어 있고, 양팔의 겨드랑이는 붙어있다.

클럽헤드가 가속되어야 굿샷이 나온다

문제점 어프로치할 때 일부러 띄우려고 찍어 치거나 짧게 보내기 위해 임팩트만 하고 스윙을 그만두는가? 이런 잘못된 방법에 의해 볼이 뜨는 것은 로프트에 의해 이루어지는데 클럽의 특성을 이용하지 못하게 된다. 다운스윙에서 속도를 줄이면서 임팩트하면 거리 조절이 안되는 미스샷이 발생한다.

연습방법 아무리 작은 스윙일지라도 다운스윙 시 클럽헤드가 가속화되는 상태에서 임팩트 되어야 한다. 백스윙에서 손목은 클럽 헤드의 무게를 지탱할 수 있는 범위 내에서 약간 코킹 되어야 하고, 다운스윙에서 손목이 릴리즈(release)되면서 자연스럽게 헤드의 속도가 가속된 상태에서 스윙해야 한다.

좋은 피치샷은 임팩트 시 상당히 급격한 타격각이 요구되는데 발의 위치가 약간 열려 있는지 확인한다. 정확한 클럽헤드의 임팩트 각도를 향상시키기 위해서는 볼이 스탠스 중간쯤에 있는지와 손목이 백스윙 시 올바르게 꺾여 있는지 확인한 후 임팩트 시 클럽헤드를 가속시켜야 굿샷이 나온다.

어드레스
1. 부드럽게 그립을 잡는다. 왼발은 오픈시키고 체중은 왼발 쪽에 둔다.

백스윙
2. 손목은 클럽헤드의 무게를 지탱할 수 있는 범위 내에서 약간 코킹된다. 거리에 따라 백스윙의 크기를 결정한다.

임팩트

3 하체로 먼저 체중을 이동시켜 주는 다운스윙을 하며 헤드를 가속 시킨다.

피니시

4 백스윙 크기보다 크지 않게 하며 하체의 균형을 끝까지 유지한다.

러프에서의 칩샷 ROUGH

짧은 'V' 자 스윙으로 대처하라

문제점 러프에서 칩샷을 할 때 클럽헤드가 긴 풀에 걸려 실수하거나 조금 강하게 치면 너무 길어져서 핀 공략에 실패하는가? 그린 주변 러프에서는 짧은 'V'자 스윙으로 대처해야 한다.

연습방법 그린 주변 러프에서 칩샷을 할 때는 클럽의 접근 각도가 가장 중요하다. 러프에 볼이 놓여있을 때 클럽을 완만한 접근 각도로 움직여 샷을 한다면 러프의 저항 때문에 볼을 제대로 탈출시키기 어려우므로 이때는 평상시보다 더 가파르게 클럽헤드가 올라가고 다시 클럽헤드의 무게를 느끼면서 가파른 각도로 부드럽게 떨어뜨려야 한다.

오픈 스탠스에 클럽페이스도 약간 오픈시키고 볼을 스탠스 오른발 쪽에 둔다. 평

Lesson 07 그린 주변 공략법

상시 칩샷처럼 어드레스 자세를 취하되 좀 더 넓은 스탠스와 그립을 단단히 잡고 볼에서 멀리 서서 팔이 움직일 공간을 확보한다.

임팩트 시 볼 뒤 3cm 지점을 가격한다는 생각으로 샷을 해야 실수를 줄일 수 있다. 임팩트를 통과 후에 손목 사용을 억제하고 러프의 길이에 따라서 백스윙의 크기와 팔로우스루 동작이 이루어지지만, 일반적으로 임팩트로 모든 스윙 동작을 끝내고 팔로우스루는 생략한다.

1. 웨지 클럽을 사용하여 약간 오픈시킨다. 오픈스탠스를 취하고, 볼은 스탠스 오른발 쪽에 둔다.

2. 코킹에 의한 손목 사용으로 클럽은 가파르게 올라간다. 어깨와 팔은 거의 사용하지 않고, 체중이동이나 움직임이 전혀 없어져야 한다.

3. 꺾였던 손목을 다시 펴준다. 클럽헤드로 볼 주위를 도려내듯이 볼 밑으로 지나간다.

퍼팅의 비결

골프에서 절반 이상의 비중을 갖는 퍼팅
퍼터 선택의 요점
올바른 퍼팅 그립
퍼터의 로프트와 구르기의 비교
어드레스
퍼팅라인 읽기
연습 방법
SAM Putt을 이용한 퍼팅 핵심 포인트

이보미 프로

01 골프에서 절반 이상의 비중을 갖는 퍼팅

:: 긴 드라이브샷도 짧은 퍼팅도 똑같은 1타

아마추어 골퍼의 경우 라운드 총 타수의 절반 가까이를 퍼팅이 차지한다. 즉, 샷은 티잉그라운드에서 샷을 하는 드라이버에서부터, 아이언, 어프로치, 벙커샷까지 포함하여 36번의 샷을 하게 된다면 퍼트수는 36이기 때문에, 얼마나 퍼트가 스코어에 미치는 영향이 크고 중요한지를 알게 된다. 그렇기 때문에 최상의 라운드를 위해 퍼팅 감각을 익히는 데 많은 노력을 기울여야 한다. 목표선을 따라 정확하고 부드럽게 굴러가게 하는 퍼팅 기술을 습득하고, 그린 선상에서의 거리, 방향을 읽는 법을 터득한다면 골프의 즐거움을 더욱 만끽할 수 있을 것이다. 300YD 긴 드라이브샷도 1타이고 30cm 짧은 퍼팅도 똑같은 1타라는 점을 명심하자.

일반적으로 전문가들은 퍼팅이 골프에서 차지하는 비율을 50%라고 말한다. 18홀의 경기에서 모든 샷을 합치면 36번이 되는데, 기본 스코어 72타를 기준으로 한다면 퍼팅 수는 홀당 2퍼트 기준으로 서른여섯 번이 되므로 퍼팅의 비율은 50%가 되는 것이다.

퍼터 선택의 요점

골프에서 가장 중요한 퍼팅은 느낌과 감각이 중요하므로 퍼팅이 쉬우며 보기에도 정감이 가며 자신의 수준에 맞는 퍼터를 선택해야 한다. 한번 선택하면 평생 사용할 수 있도록 언제나 기분 좋은 퍼터를 선택해야 한다.

퍼팅하기 위해 어드레스했을 때 위에서 바로 보이는 부분이 퍼터 헤드로, 헤드의 형태는 플레이어가 좋아하는 디자인을 고른다. 홀과 퍼터의 얼라이먼트에서 직각으로 맞추는 블레이드형(blade style)-❶ 또는 엔서 스타일(anser style)과 타깃에 퍼터 헤드를 수평으로 맞추는 말렛형(mallet style)-❷ 또는 T형이 있어 스트로크도 조금씩 달라져야 하므로 이에 따라 자신이 선호하는 헤드의 장점을 잘 파악하여 선택한다.

퍼터의 종류

블레이드형(blade style)-❶은 홀에 퍼터 페이스를 직각으로 맞추어야 하므로 얼라이먼트와 스트로크가 어려워 숏 퍼팅이 어려운 반면 무게가 토우와 힐에 많아 타점이 넓은 장점이 있어 롱 퍼팅이 좋아진다. 백스윙 시 헤드가 부채꼴로 움직인다. 따라서 때리는 스트로크보다 지나가는 스트로크가 좋다. 백스윙과 팔로우 비율을 4:6 정도로 하면 좋다. 볼의 롤링이 잘 되기 때문에 상급자들이 주로 사용하며 그린의 경사도를 잘 파악하는 골퍼들이 사용하면 아주 효과적이다.

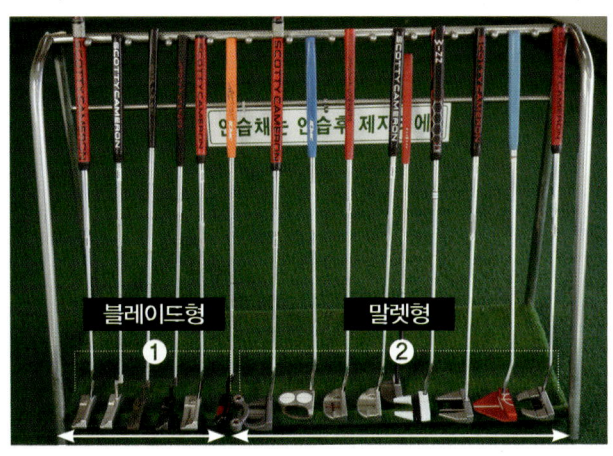

말렛형(mallet style)-❷ 타입은 홀에 퍼터 페이스를 수평으로 맞추어야 하므로 얼라이먼트와 스트로크가 쉬워 숏 퍼팅이 쉽다. 직진성이 좋고 백스윙 시 헤드가 똑바로 빠지고 팔로우 시에도 똑바로 간다. 백스윙과 팔로우의 비율은 1:1로 하면 좋다. 약간 때리는 듯한 느낌으로 스트로크하면 좋다. 무게가 중앙에 많아 타점이 좁은 단점이 있어

롱 퍼팅이 어려워진다. 그러나 요즘은 얼라이먼트도 쉽고 타점도 넓은 퍼터도 많이 출시되고 있다.

〈퍼터 · 스윙궤도〉

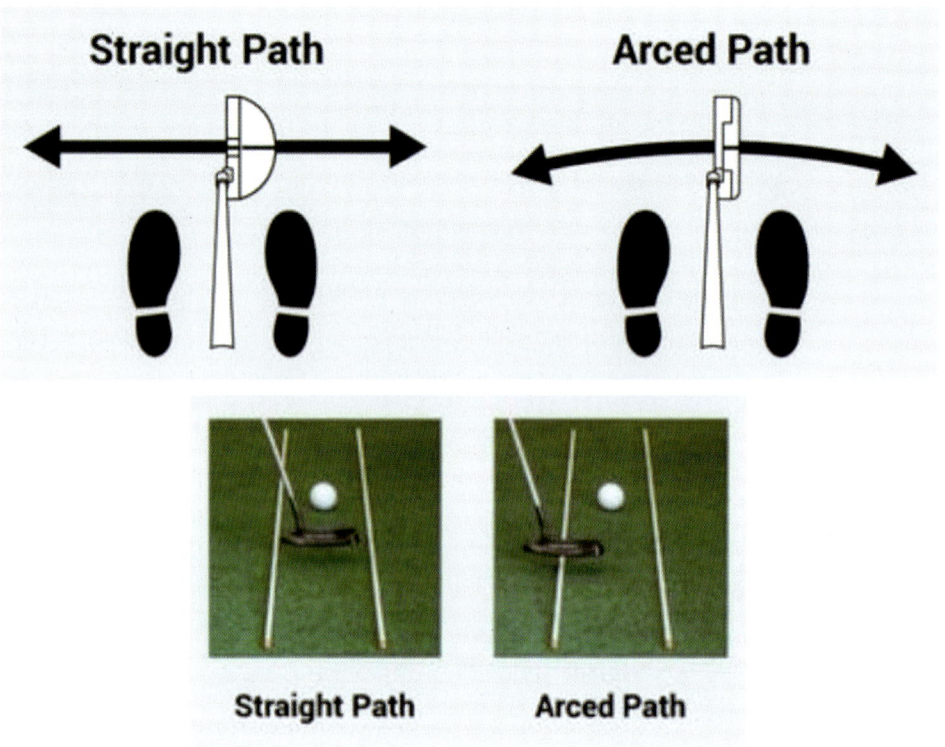

퍼터 페이스의 재질은 여러 가지인데, 주로 구리나 특수 플라스틱으로 된 약간은 부드러운 페이스가 많다. 이것은 페이스와 볼이 임팩트 될 때 볼을 조금 더 페이스에 붙어 움직이게 하여 타구감을 좋게 하기 위함이다. 그러나 볼과 퍼터 헤드는 임팩트 시 오래 붙어 움직일수록 비거리가 떨어지며, 임팩트 존이나 페이스 방향이 약간만 달라져도 일관성이 떨어지므로 퍼터 페이스는 단단한 스테인리스 재질이 작은 스윙에도 비거리나 일관성, 방향성 면에서 좋다. 페이스가 압착고무로 되어 있으면 비거리가 떨어지며 큰 스윙이 필요하여 방향과 거리감이 떨어지게 된다.

퍼터 헤드의 무게는 제조 회사의 특성에 따라 다르다. 헤드 무게가 무거워지면 방향성이 좋아져 숏퍼팅에 좋지만 거리감이 떨어져 롱 퍼팅이 약해지고, 퍼터 헤드 무게가 가벼워지면 감각이 섬세해져 거리감이 쉬워져 롱 퍼팅이 쉬워지는 반면 방향성이 떨어져 숏 퍼팅이 나빠진다. 따라서, 퍼터의 선택은 개인차가 매우 크며, 플레이어가 느끼는 감각과 퍼터의 헤드 모양, 재질, 무게 등의 개인적 선호에 따른 스타일에 따라 달라질 수 있다.

올바른 퍼팅 그립 PUTTING GRIP

그립을 잘 잡아야 양손의 사용을 올바르게 하여 항상 일정하고 좋은 결과로 연결될 수 있다. 좋은 그립이란

① 양손의 힘이 스윙 중 균등하게 작용되어야 하고
② 임팩트에서 퍼터 페이스가 자연스럽게 타깃과 직각이 되어야 하며
③ 어깨와 등을 너무 경직되지 않게 해야 하고
④ 어깨의 움직임에 의한 힘의 전달이 흐트러짐 없이 헤드로 전달되어야 한다.

그립의 기준은 손목을 많이 사용하여 거리를 내느냐 아니면 손목을 적게 사용하여 방향을 얻느냐에 달려있다. 손목을 많이 사용하려면 핑거그립(finger grip)을 손목을 적게 사용하려면 팜 그립(palm grip)을 잡아야 한다.

손바닥 연결선상으로 그립을 가로지르는데 퍼터의 그립 위쪽 납작한 부분에 생명선의 위쪽 두툼한 부분을 밀착시킨다. 왼손 그립을 앞에서 보면 엄지손가락이 그립의 납작한 부분에 똑바로 위치하고 V자 홈이 왼쪽 어깨를 향해야 임팩트에서 퍼터페이스가 자연스럽게 타겟에 대해 직각으로 돌아오기 쉽다. 옆에서 보면 그립 끝을 왼손 끝보다 5cm정도 튀어나오도록 약간 짧게 잡아야 스윙 중 힘이 분실되지 않고 퍼터 헤드로 전달할 수 있다(사진❸).

퍼팅에서 그립의 압력은 그 잡는 정도에 따라 스윙하는 속도와 비례하는데, 압력이 약하면 스윙은 느려져야 하고 그립이 강하면 스윙은 조금 빨라져야 손과 헤드의 일체감을 느낄 수 있다. 전체적인 그립의 악력은 어깨를 경직시키지 않으면서 팔과 손, 헤드와의 일체감을 느끼는 압력을 유지해야 한다.

가장 기본이 되는 퍼팅 그립

양손의 위치는 클럽의 중심에 오도록 한다. 이러한 자세는 불필요한 손목의 움직임을 방지할 수 있게 도와준다. 이 자세에서의 키포인트는 샤프트 위로 곧게 뻗어져 있는 오른손 엄지에 있다. 오른손 엄지가 샤프트 위 일직선상에 있으므로 그립을 잡을 때 힘을 빼고 가볍게 잡을 수 있다(사진❸).

왼 손가락으로 그립을 살며시 쥐고 오른손으로 감싸 잡는다. 그립도 이론과 상관없이 자신에게 편한 그립이면 된다. 그러나 양손의 균형을 유지하는 것은 반드시 필요하다. 양손의 균형이 나쁘면 스트로크 중에 클럽헤드의 궤도가 흔들리기 쉽다. 잘못된 퍼트는 그립을 잘못 잡았을 경우에 많이 생긴다. 그러므로 반드시 그립이 올바른지 점검한다. 또한 너무 세게 쥐지 않는다. 한쪽 손에 힘이 더 들어가면 스트로크 방향이 달라질 수 있다. 퍼터 그립을 쥘 때 왼손 엄지(오른손잡이 기준)를 오른 손바닥으로 완전히 덮지 말고 엄지손톱의 반 정도가 보이게끔 약간 열어 잡는다. 이 방법은 스트로크 시 손목 고정이 더 편해지고 오른손과 왼손의 힘을 균형 있게 분배해 안정감 있는 스트로크를 할 수 있게 돕는다.

여러 가지 그립 중 상당수가 성공의 잠재력을 갖추고 있다. 하지만 그립의 형태가 어떻든 다음의 공통분모 하나 만큼은 공유해야 한다. 그것은 바로 엄지를 손잡이 위에 얹어서 샤프트 쪽으로 똑바로 뻗어야 한다는 것이다. 이러한 그립 형태는 양손이 서로 평행이 되게끔 한다. 또한, 헤드의 움직임을 감지하도록 돕는 전달 장치 역할을 한다. 그린 위에서 성공을 거두려면 그립의 중요성을 인식하고 여러 그립의 형태 중 본인에게 맞는 그립을 선택하는 것이 중요하다.

Lesson 08 **퍼팅의 비결**

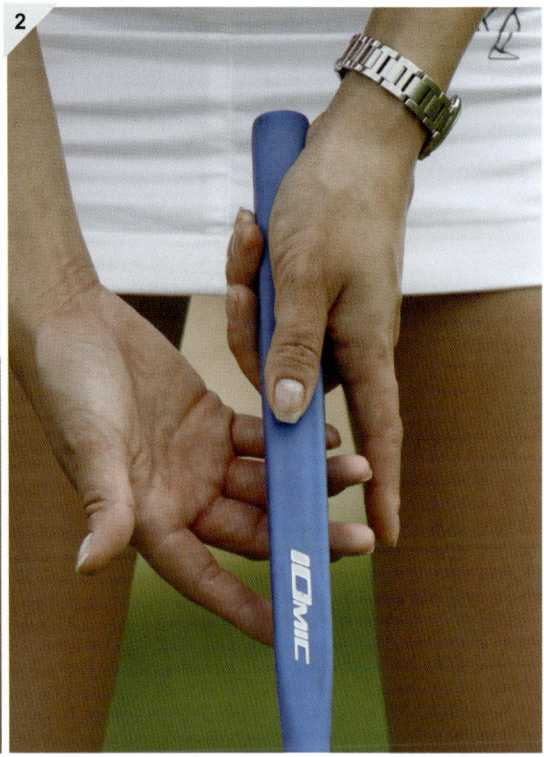

1. 두 손바닥이 마주 보고 퍼터 면과 수직이 되도록 그립 위에 두 손을 올려놓는다.

퍼팅 그립은 양손이 하나로 움직여야 하며 어느 한 손이 다른 손을 리드해서는 안 된다.

2. 왼손으로 클럽을 잡되 엄지가 아래를 향하도록 그립 위에 놓는다. 이때 검지는 그립에서 떨어져 있다. 오른손 그립 시 손바닥이 하늘 쪽을 가리키면 임팩트 시 클럽페이스가 변형될 수 있으므로 왼손 손바닥과 마주보는 느낌으로 그립한다.

3. 오른손으로 그립을 감싸듯 잡되 왼손 검지를 감싼다. 오른손 엄지는 왼손 엄지 위로 감싸듯 하여 아래를 향하여 잡는다. 이것이 리버스 오버랩(reverse overlap) 그립이다.

퍼터의 로프트와 구르기의 비교

퍼터에서 백스핀은 잔디와의 마찰이 커져 거리를 줄어들게 하고 오버스핀은 잔디와의 마찰이 적어지게 하여 적은 힘으로도 잘 굴러가게 한다. 결국 퍼팅을 할 때는 백스핀보다 오버스핀이 볼을 그린에 잘 구르게 하므로 최대한 빠르게 오버스핀이 걸리게 하는 것이 중요하다. 용품사에서 출시하는 퍼터는 1-2도 정도 오픈 상태로 제작한다. 그린의 표면이 일정하지 않아 볼이 구르기 시작할 때 저항이 생기기 때문에 퍼터의 로프트는 임팩트 시 볼을 그린에서 약간 띄워서 이러한 저항을 극복하고 회전할 수 있는 역할을 한다. 다운블로로 스트로크를 하면 스키즈 현상을 길게 하여 잔디와의 마찰을 크게 하므로 거리와 방향을 나쁘게 한다. 볼이 적게 뜨고 스키즈 현상이 적어지는 조합이 이상적이다.

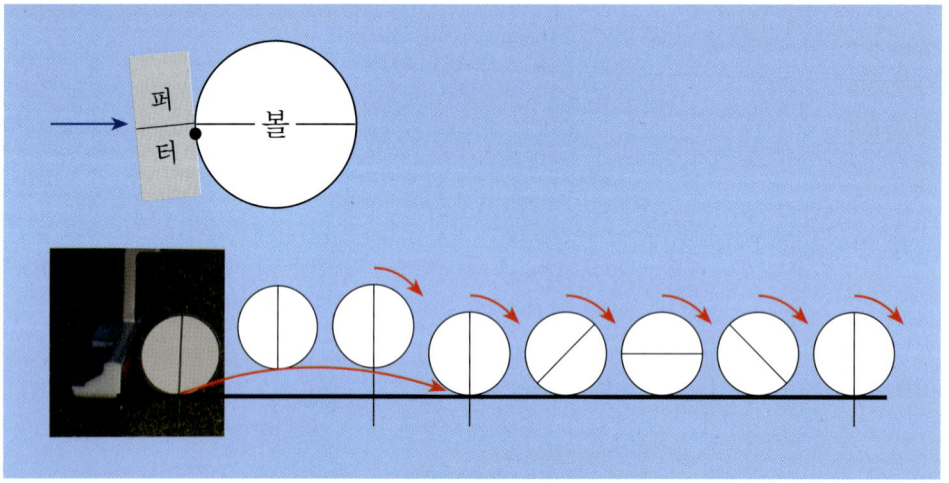

그린의 잔디에 최대한 빠르게 오버스핀으로 굴리려면 로프트를 적게하고 약간의 어퍼블로로 임팩트 하면 스키즈 현상이 최소화되고 오버스핀이 빠르게 걸리어 최소한의 힘으로 최대의 거리를 보내게 된다. 또한 잔디와의 마찰이 적어져 방향성과 일관성이 유지된다. 현재 시판되는 퍼터의 로프트는 약 2-4도 정도이므로 자신에게 맞는 어드레스 자세를 알고 연습하면 효율적인 퍼터를 할 수 있을 것이다.

어드레스 ADDRESS

올바른 어드레스는 좋은 스윙을 만들기 위한 가장 기본이다. 손으로 클럽을 잘 잡았으면 백스윙과 다운스윙을 자연스럽고 정확히 하기 위해 좋은 어드레스가 필요하다. 어드레스가 나쁘면 스윙 중 자연스런 어깨의 턴, 스윙의 궤도, 몸과 팔의 움직임이 나빠져서 일관성 없는 임팩트가 되어 거리감과 구질, 일관성까지 나빠진다. 좋은 어드레스는 좋은 퍼팅을 위한 필수요건이다. 보통 남자는 34인치, 여자는 33인치 퍼터를 많이 사용한다. 그러나 PGA프로들의 평균 퍼터길이는 33.5인치라고 한다. 긴 퍼터보다는 짧은 퍼터를 사용하는 것이 대체로 정확성이 좋기 때문이다.

체중은 발 앞으로 오게 하고 그립을 잡은 손은 볼보다 왼쪽에 위치하여 클럽의 페이스가 보이지 않게 세워준다. 클럽 페이스를 세워주어야 손목 사용을 방지할 수 있다. 좋은 어드레스는

① 편안하고 안정감이 있어야 한다.
② 스윙 중에도 하체가 전혀 움직이지 않고 팔과 몸통의 회전으로 스윙한다.
③ 스윙 중 불필요한 힘이 들어가지 않아야 한다.
④ 팔 모양은 어드레스에서 피니시까지 오각형 모양을 항상 유지한다. 어깨, 힙, 스탠스는 타깃 방향과 수평이 되게 한다.

스탠스 STANCE

다리와 클럽 사이는 넉넉하게

문제점 퍼팅을 했을 때 볼이 휘어지거나 스트로크하는 동작이 부드럽지 못하다고 느끼는가? 셋업 때 손목의 모양이 잘못되었거나 볼과의 거리나 위치가 나쁘기 때문이다.

연습방법 똑바로 선 자세에서 퍼터를 올려잡고 양팔을 내려 뻗을 때 팔과 클럽이 일직선이 되며, 손목이 꺾이지 않은 상태에서 상체를 굽혀 퍼터를 바닥에 놓는 셋업을 취하면 손목이 꺾이지 않고 펴진다.

어드레스에서 적절한 스탠스의 폭은 스윙 중 체중의 고정과 균형을 잡고 몸을 안정적으로 중심을 잡아주는 역할을 한다. 그래서 너무 좁거나 넓으면 자연스런 스윙을 방해하여 일관성이 떨어진다. 스탠스가 너무 좁으면 스윙 시 균형 잡기가 어려워지고 체중의 움직임이 많아져 일관성이 떨어진다. 스탠스가 너무 넓어지면 몸이 경직되어 어깨의 움직임이 나빠져서 거리감이 떨어진다. 일반적인 스탠스의 폭은 어깨 넓이가 적절한데 이는 스윙 중 체중의 고정과 균형 잡기가 쉬워지기 때문이다. 스윙 중 어깨의 움직임이 부드러워야 거리감이 좋아진다.

> **Little kids are often great putters because they simply pick up a putter and roll the ball at the hole. They don't know enough to think way through the stroke, reminding themselves of all the tips they've had and the lessons they've taken.**
>
> 어린 아이들은 단지 퍼트를 집어 들고 볼을 홀로 굴리기 때문에 종종 훌륭한 퍼팅을 구사한다. 그들은 퍼팅 스트로크의 기술적인 방법을 잘 알지 못한다. 지금까지 그들이 받았던 레슨과 퍼팅에 대한 팁에 대해서도 신중하게 생각하지 않는다.

Lesson 08 퍼팅의 비결

1 손목을 꺾어 클럽헤드가 하늘을 향하도록 함으로써 몸과 클럽의 일체감을 주는 것이 좋다. 그리고 눈과 볼이 수직선상에 놓이도록 간격을 두는 것이 가장 정확한 퍼팅 스트로크가 되도록 도와준다.

2 손목 사용을 줄이고 견고히 하려면 손을 약간 앞으로 내밀고 다리와 클럽 사이에 충분한 공간을 준다. 손을 내리는 동시에 손목을 펴서 클럽헤드가 홀컵을 향하도록 한다.

3 엉덩이를 뒤로 내밀어 다리를 약간 굽히고 클럽헤드가 바닥에 살며시 닿도록 상체를 굽힌다.

볼의 위치 BALL POSITION

어드레스 시 볼의 위치에 따라 타법이 달라지는데 가장 좋은 스윙의 타법은 퍼터의 헤드가 최하점을 바로 지나 올라가면서 임팩트 되는 것이다. 그러므로 헤드가 볼에 이상적으로 접근하기 위해서는 어드레스에서 최하점의 체중 위치에서 바로 앞쪽에 볼이 위치해야 한다.

왼발에 체중이 실리고 볼이 중앙에 위치하는 어드레스는 다운스윙 시 볼에 헤드가 가파르게 접근되고 다운블로로 임팩트 되어 볼에 백스핀이 걸리고 스키즈 현상이 길어져 그린의 영향을 많이 받아 거리와 일관성이 떨어진다. 오른발에 체중이 있고 볼이 중앙에 위치하는 어드레스는 다운스윙 시 볼에 헤드가 최하점을 많이 지나 접근되고 과도한 어퍼블로로 임팩트 되면 클럽페이스의 움직임이 많아져 일관성이 떨어진다. 체중이 왼발 쪽에 실리면 볼의 위치도 왼쪽으로 위치해야 한다.

어드레스를 취하고 그립의 끝을 잡고 늘어뜨리면 헤드가 가리키는 위치가 최하점이 된다. 어드레스를 하고 왼발과 오른발로 체중을 옮겨 보면 헤드도 같이 움직이는 것을 볼 수 있다. 어드레스에서 체중의 위치에 따라 볼의 위치는 조금씩 달라진다. 볼을 최하점 앞에 위치해 주는 이유는 임팩트 이후 조금이라도 오버스핀이 빠르게 걸리게 하여 직진성을 좋게 하려는 의도이다. 일반적으로 체중을 왼발 쪽에 두는 이유는 임팩트 이후 퍼터의 헤드가 스퀘어하게 진행하여 방향성에 도움을 줄 수 있기 때문이다.

삼각형 구도를 유지하라

문제점 퍼팅 스트로크에서 볼 방향이 홀 우측으로 짧거나, 좌측으로 끌어당기듯 휘어지는가? 스윙을 하면서 팔, 어깨, 손목의 어드레스 때 만들어진 삼각형 또는 오각형을 유지하지 못하고 오른손으로 밀고 왼 팔꿈치가 굽어지면서 당겨지거나 미는 모양으로 팔로만 스윙하기 때문이다.

연습방법 퍼팅 스윙은 팔은 거의 놔두고 어깨만 시계추처럼 리듬 있게 움직여야 한다. 만일 팔로만 스윙을 한다면 손목을 사용하게 되어 리듬을 잃게 된다. 이때 어깨는 앞과 뒤, 옆으로 돌아가는 것이 아니라 백스윙 때는 오른쪽 어깨가 올라가고 팔로우스루 때는 왼쪽 어깨가 올라가야 한다. 어깨가 조금이라도 옆으로 돌아간다면 볼은 엉뚱한 방향으로 휘어지게 될 것이다. 아무리 짧은 거리의 스윙이라 할지라도 어깨와 팔이 같이 움직여야 하고, 퍼팅 스트로크를 하는 동안에는 어깨와 양팔이 이루는 삼각형이 처음부터 끝까지 유지되어야 한다. 양팔 사이에 낄 수 있는 책 같은 도구나 퍼팅 연습 도구를 이용하여, 양 팔꿈치 사이에 끼운 채 도구가 떨어지지 않도록 스윙한다.

거울 앞에서 연습을 해보면 스윙 내내 삼각형이 유지되며, 어깨와 팔이 함께 움직이는 것을 확인할 수 있다. 일반적인 스윙 궤도에는 세 가지(인두인, 인투아웃, 아웃투인)가 있지만, 퍼팅의 궤도에는 한 가지가 더 있다. 그것은 바로 일직선(straight back, straight through) 궤도인데 숏퍼트를 할 때 볼을 스트레이트로 보내는 데 효과적이다. 미들퍼트나 롱퍼트를 할 때는 부채꼴 모양의 궤도 즉 인투인(in-to-in)이 더 효과적이라고 볼 수 있다.

1. 양팔 사이에 도구를 끼워 넣고, 양 어깨와 팔이 삼각형 구도가 되도록 한다. 손은 볼 앞에 놓이도록 한다. 체중은 왼발 60%, 오른발 40% 정도의 균형을 유지한다.

2. 백스윙을 해도 삼각형 구도는 유지된다. 퍼터 헤드는 낮게 움직인다.

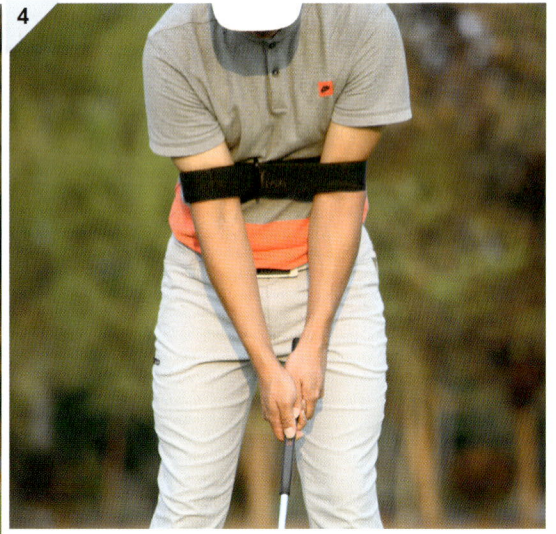

3. 어느 동작에도 삼각형 구도는 변하지 않는다. 견고한 손목이 클럽을 리드한다.

퍼팅라인 읽기 PUTTING LINE

:: 주시의 원리를 이용하라

문제점 퍼팅 스트로크를 할 때 볼의 초점이 흔들리거나 머리가 움직여 정확한 스위트 스팟(sweet spot)에 볼을 맞히지 못하는가? 양쪽 눈 중 주시의 눈으로 볼을 보지 않고 퍼팅하기 때문이다.

연습방법 메모지를 두 번 접어 모퉁이를 손톱보다 작게 떼어내고 메모지를 펼쳤을 때 가운데 조그마한 구멍이 생긴다. 이 구멍을 통해서 팔을 펼친 상태로 5m쯤 전방의 한 점을 보게 된다. 구멍을 통해서 목표와 일치하는 바로 그 눈이 주시이다.

퍼팅도 주시에 따라 볼의 위치가 달라진다. 퍼팅에서 볼 위치는 원래 양발 가운데에서 볼 하나 정도 왼쪽이 좋다. 만약 오른쪽 눈이 주시이면 볼 위치는 스탠스 중앙으로 이동하는 것이 좋다. 다시 말해 오른쪽 눈이 주시이면 오른쪽으로, 왼쪽 눈이 주시이면 왼쪽으로 볼의 위치는 이동하는 것이 이상적이다.

오른손 검지 끝을 눈 높이와 맞춘 다음 두 눈으로 손가락 끝을 본다. 평소와 주시가 틀리면 머리의 위치를 수정해서라도 주시의 눈으로 볼을 본다. 손가락 끝을 계속 보며 눈 가까이 가져오면 주시가 되는 눈과 손가락 끝이 일치하게 된다.

중간 목표를 설정하라

문제점 롱퍼팅에서 라이가 잘 읽혀지지 않거나 라이를 읽었어도 볼이 엉뚱하게 가는가? 제아무리 스트로크가 좋다 해도 목표선에 맞추어서 때리지 못하면 아무 소용없다. 그린 위에서는 공이 홀컵에 들어갈 수 있는 길이란 하나밖에 없다. 그 길을 바로 볼 줄 알아야 한다. 중간 목표를 설정하지 않았거나 볼 뒤에서 본 라이와 어드레스를 취했을 때 라이가 일치하지 않기 때문에 이러한 상황이 발생한다.

연습방법 먼저 볼 뒤에서 볼이 어떤 라인을 따라 굴러갈 것인가를 그려보는 훈련은 퍼팅을 성공시킬 가능성을 확실하게 높여준다. 그린을 읽을 때 바람과 스피드를 기억하고 볼과 홀 사이의 전체적인 라이를 확인한 후 볼에서 1m 앞에 중간 목표를 설정한다. 상대방이 퍼팅을 준비할 때 홀의 반대편으로 가면서 기울기와 보폭으로 거리를 계산한다. 볼이 홀 뒤에 있을 때는 처음에 읽은 라인이 제대로 맞는지 두 번 확인해준다. 만일 볼 있는 곳으로 걸어가면서 새로운 무엇인가를 봤다면 다시 한번 확인한다. 중간 목표를 향해 셋업한 후 클럽을 몸의 정렬과 평행되게 옆으로 들고 샤프트 라인에 '눈 – 볼 – 중간 목표'를 배열시킨다(사진 ❶). 최종적으로 몸을 정렬시키고 스트로크를 한다. 퍼팅라인 읽기는 골퍼의 핸디캡에 따라 차이가 있지만 일반적으로 다음과 같은 단계로 퍼팅라인을 읽으면 그린을 파악하는 데 도움이 된다.

① 그린 전체의 기울기 읽기
   온그린 이후 그린 전체의 기울기를 파악한다.
② 볼 방향에서 좌·우 경사
   볼의 반대편 쪽(홀컵 쪽)에서의 라인을 관찰하여 좌·우 경사를 파악한다.
③ 오르막, 내리막 경사 판단
④ 홀컵 주변 30cm 내의 라이 체크

※ 퍼팅라인을 파악한 후 어드레스를 취하면 볼이 홀에 들어가는 이미지를 생각하면서 지체 없이 퍼팅하면 좋은 결과로 이어질 수 있다.

Lesson 08 퍼팅의 비결

1 보내고자 하는 목표의 방향을 직선으로 확인한다.

2 클럽으로 확인한 선상에 중간 목표를 설정한다.

3 중간 목표와 같은 선상으로 백스윙을 하고 홀까지 거리를 감안해서 백스윙의 크기를 조절한다.

― 타이거우즈의 라인 파악 방법 ―

퍼터의 그립을 오른손으로 헤드 부분을 왼손으로 잡은 후 볼과 홀컵과 본인의 한쪽 눈을 일치시킨 다음 살그머니 왼손을 놓아버리면 방금 얼라이먼트한 볼과 홀컵 간의 정렬이 흐트러진다. 이때 손을 약간 움직여 샤프트 하단의 볼에 맞춘 후 샤프트 상단부의 홀컵과의 편심된 방향이 높은 쪽이므로 브레이크가 걸린다.

07 연습 방법

∷ 백스윙 크기만큼 피니시

문제점   퍼팅이 턱없이 짧거나 길어 다음 퍼팅을 하는 데 어려움을 겪는가? 보내고자 하는 거리에 비해 백스윙과 포워드스윙이 너무 크거나 짧아서 거리 조절이 안되기 때문이다. 백스윙의 크기가 포워드스윙에 비해 크면 임팩트가 강해져 거리감을 어렵게 만든다. 백스윙에 비해 팔로우스루가 짧으면 손목을 사용하여 때리게 되므로 거리 조절이 힘들다.

연습방법   퍼팅 스트로크는 시계추처럼 이루어져야 한다. 백스윙과 포워드스윙의 크기가 시계추 움직임처럼 대칭되는 크기로 리듬이 갖춰질 때 정확한 임팩트 강도가 나온다. 따라서 홀과의 거리에 비례되는 스윙 크기를 일정하게 유지하는 것이 중요하다. 스탠스 폭의 조절을 오른발로 넓히거나 좁혀서 스탠스를 취하고 백스윙 크기는 오른발 위치까지, 또 그만한 크기의 포워드스윙이 되게 연습한다. 스탠스는 일정하게 하되 필요한 백스윙만큼 또 하나의 볼을 놓고 그 볼을 건드리지 않도록 스윙 연습을 한다. 퍼팅에도 임팩트가 존재하는데 임팩트 이후에도 퍼터 페이스가 타깃을 향해 직각 상태로 진행되기 위해서는 낮고 긴 팔로우스루가 필요하다. 이를 위해 어드레스 시 체중을 왼발에 60%, 오른발에 40% 정도 비중으로 분배하면 도움이 된다.

> **Great putting is not in the stroke. It's in the mind. When you putt, your state of mind is more important than your mechanics.**
>
> 훌륭한 퍼팅은 스트로크에 달려있지 않다. 그것은 골퍼의 마음에 달려있다.
> 퍼팅을 할 때, 당신의 마음의 상태가 기술적인 요인들보다 더욱 중요하다.

Lesson 08 **퍼팅의 비결**

1. 발이 벌어진 스탠스 폭만큼 백스윙을 한다.

2. 뒤에 놓은 볼이 닿지 않을 정도로 백스윙을 한다.

3. 어드레스에서 백스윙한 크기만큼 팔로우스윙을 한다.

:: 스트로크 연습 방법

문제점 정확하게 라이를 읽었다고 믿었으나 계속 실수를 하는가? 잘못된 궤도로 스윙을 하기 때문이고, 퍼터의 타구면에 볼이 임팩트 될 때 어드레스 때와 같이 직각으로 임팩트 되지 못하기 때문이다.

연습방법 목표를 향해 평행이 되도록, 바닥에 두 개의 클럽으로 퍼터 헤드보다 약간 넓게 통로를 만든 다음 볼을 놓고 통로 안에서 일직선으로 움직이도록 스윙을 한다.

1 클럽헤드가 인사이드로 지나치게 들어온 경우

2 클럽헤드가 아웃사이드로 나간 경우

3 클럽헤드는 통로를 벗어나지 않은 상태에서 자연스럽게 들어 올려진다.
   클럽헤드의 이동 경로는 백스윙과 같다.

그립 끝이 배꼽을 향한다

문제점 그립 끝은 어드레스 때 가리켰던 방향을 그대로 가리켜야 한다. 퍼팅했을 때 거리를 맞추는 데 어려움을 느끼는가? 손목이나 팔만을 이용하여 퍼팅하기 때문이다.

연습방법 그립 끝의 구멍에 위치를 표시할 수 있는 롱티나 막대기 같은 것을 꽂아서 스윙한다. 어드레스 때 그립 끝이 가리킨 곳이 명치 방향이었다면 스윙 내내 그립 끝은 같은 위치를 가리키고 있어야 한다. 손목이나 팔만으로 스윙을 한다면 엉뚱한 곳을 가리키게 되고 실제 스트로크를 했을 때 거리감을 맞추는 데 어렵게 된다.

손목으로 스윙하는 모습

1, 2 그립의 끝이 임팩트 시 몸의 오른쪽을 가리킨다.
지나친 손목 사용으로 어깨와 팔의 일체감이 떨어진다.

바르게 스윙하는 모습

3, 4 그립의 끝은 항상 몸의 배꼽을 가리킨다.
임팩트 이후에도 그립 끝의 연장선이 배꼽을 가리킨다.

임팩트 시 손목 사용 자제하기

문제점 퍼팅 시 손목을 사용하는 골퍼를 보면 백스윙을 시작하면서 손목을 사용하기 시작하여 임팩트 시 손목이 확실히 움직이게 된다. 이러한 동작은 특히 빠른 그린이나 내리막 퍼팅 시 거리감을 상실하는 원인이 된다.

연습방법 1 손목 사용을 자제하는 보조 기구를 사용하여 퍼팅 스트로크 연습을 할 때, 손목을 사용하면 사진 ❶, ❷처럼 헤드가 움직여 정확한 임팩트가 불가능하다. 따라서 백스윙 시 팔과 몸의 일체감으로 스윙해야 손목의 사용을 방지할 수 있다.

연습방법 2 사진 ❸, ❹처럼 추를 퍼터에 부착하여 연습하면 손목 사용을 자제하는 데 많은 도움이 된다. 백스윙-임팩트-다운스윙의 과정 중에 추가 흔들리지 않게 연습한다.

> "When I started studying golfers, it became immediately apparent to me that good putting was the functional equivalent of good defense, good rebounding and good shooting from the foul line."
>
> 내가 골퍼들을 연구하기 시작했을 때, 훌륭한 퍼팅은 농구에서의 좋은 수비, 우수한 그라운드 그리고 파울라인 근처에서의 훌륭한 슈팅과 기능적으로 똑같은 역할이라는 사실이 나에게는 명백해졌다.
>
> – BOB ROTELA –

Lesson 08 퍼팅의 비결

낮게 빼고 낮게 이동시킨다

문제점 필드에서 3퍼트가 나오는 이유는 여러 가지가 있다. 그중에서도 일관성 없는 퍼터 스트로크가 가장 큰 이유이다. 일관성이 없으면 당연히 리듬감 있는 퍼팅을 할 수 없다. 아마추어 골퍼들은 순간적으로 볼을 때리는 경향이 있는데 동전 치기 연습을 한다면 훨씬 리듬감 있고 터치감 좋은 퍼팅을 할 수 있을 것이다.

연습방법 동전 두 개를 쌓아놓고 위에 있는 동전만 퍼터로 쳐내는 연습을 한다. 처음에는 쉽지 않을지 몰라도 꾸준히 연습하고 반복적으로 동전에 집중하다 보면 자연스럽게 헤드업 동작도 사라지게 되면서 지면에서 낮게 이동하는 퍼터 스트로크를 할 수 있게 된다. 임팩트 시 직각 상태로 임팩트가 되는 좋은 결과도 얻을 수 있다.

처음 연습 시 사진처럼 두꺼운 동전을 맞히는 연습을 한 후 숙달되면 얇은 동전을 정확히 맞힐 수 있게 된다. 좋은 임팩트 향상을 위한 효율적인 방법이다.

거울을 이용한 헤드업 방지 PUTTING & HEAD-UP

거울 위에 볼을 올려놓고 시선도 그 위치에 둔다.

볼이 지나간 후에도 눈은 거울을 보고 있고 또한 거울에 자신의 얼굴이 비친다.

바닥의 거울을 통해 퍼팅 시 헤드업을 방지할 수 있는 좋은 연습 방법으로 실내에서 연습이 가능하다.

SAM Putt을 이용한 퍼팅 핵심 포인트

샘펏(Sam putt)을 이용한 연습은 퍼팅 능력과 일관성을 측정하기 위하여 10번까지 퍼팅하며 그 결과는 화면 출력이나 비교에 의해서 분석된다. 모든 스트로크의 평균값을 나타내며 100점 만점으로 구성되어 있다. 점수는 자동으로 계산된다. 일관성은 모든 스트로크의 다양한 변화를 갖는 데이터 값이다. 일관성은 기술 수준과 일치한다. 아마추어는 대체적으로 점수는 높으나 일관성이 낮은 점수가 나온다. 프로들은 낮은 점수가 나오더라도 높은 일관성을 보이는 특징이 있다. 많은 데이터를 통해서 퍼팅에 대한 문제점을 파악할 수 있지만 몇 가지 중요한 포인트 체크를 통해서 퍼팅에 대한 이해를 높이고자 한다.

1. 어드레스 페이스 정렬 Face alignment at address

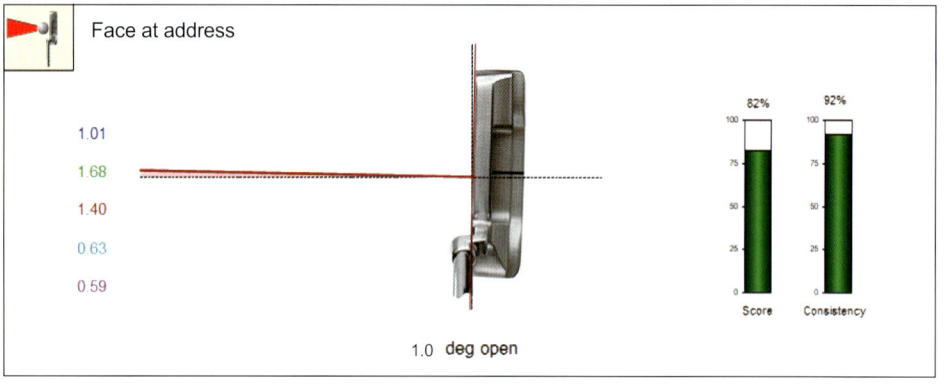

백스윙 직전의 어드레스 상태에서 퍼터 페이스 각도와 위치를 보여준다. 오른쪽으로 1.0도가 열렸다는 것은 4미터 퍼팅 시 홀컵 오른쪽 엣지에 향함을 의미한다. 따라서 0-0.5도 안으로 들어오도록 해야 한다. 상기 플레이어는 점수는 일관성 점수를 포함해 매우 좋으나 어드레스 상태에서의 1도 열려 있는 것은 좋지 않다(빨간색 센터라인). 따라서 퍼터 연습 시 어드레스에서 페이스가 스퀘어하게 정렬할 수 있도록 연습하는 것이 근거리 퍼터의 정확성을 높이는 데 필수적인 요소이다.

2. 임팩트 페이스 Face alignment at impact

임팩트 시의 퍼터 헤드의 각도와 위치가 0.9도 닫힌 퍼팅(왼쪽 방향 퍼팅)을 의미하며 1도 에러는 4m에서 홀컵을 벗어남을 의미한다(1도는 4미터 퍼팅일 경우 약 8cm 벗어난다). 페이스 각도에 따른 에러는 스윙궤도를 반대로 함으로써 보정할 수 있다. 임팩트 시의 페이스가 볼 방향의 약 83%가 결정된다. 거리가 짧은 퍼팅이기 때문에 임팩트(impact)에 의해 결정되는 비중이 높다. 롱퍼팅의 경우 임팩트와 스윙궤도(swing path) 모두의 영향을 받게 된다.

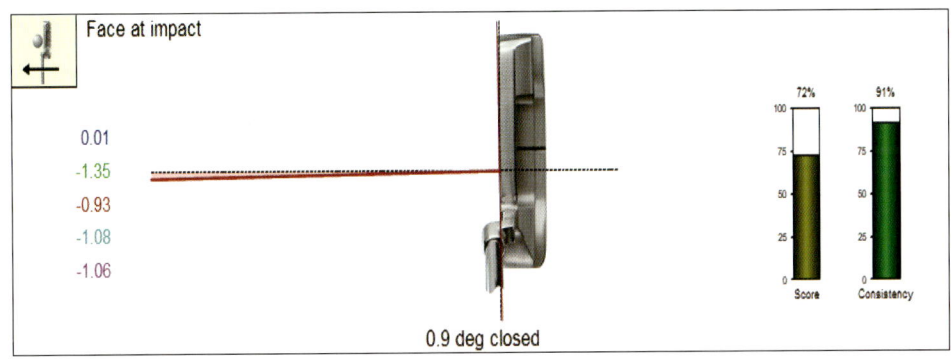

3. 퍼터궤적 Path at impact

임팩트 시의 퍼터궤적을 보여준다. 점선은 목표점으로 향하는 선이다. 빨간색의 굵은선이 퍼터궤적이다. 상기 퍼팅은 3.0도 왼쪽 방향을 향하는데 퍼팅 궤적은 전체 볼의 방향에 대하여 17%의 영향을 준다. 백스윙이 아웃(out)으로 나가면 임팩트(impact)이후에 궤적이 왼쪽으로 향하게 된다.

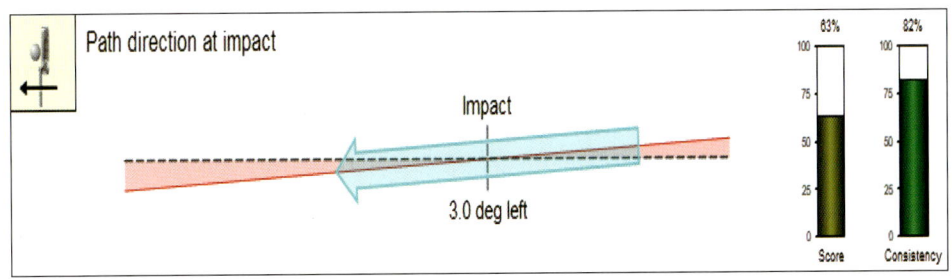

4. 임팩트 위치 Impact spot

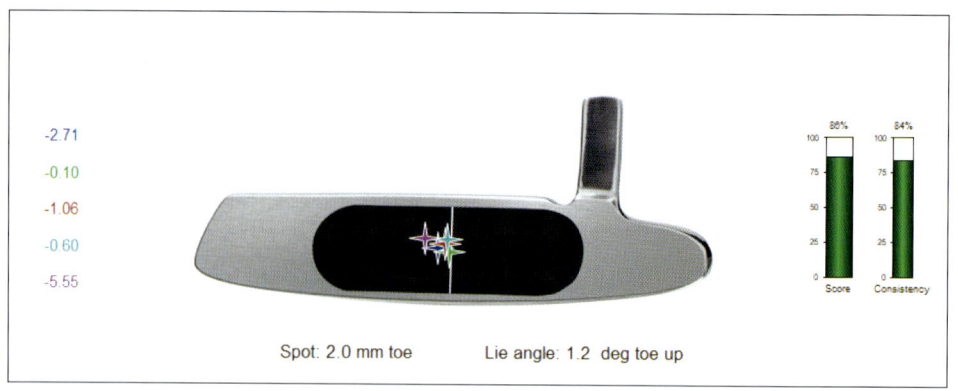

위 그림은 페이스 상의 임팩트 위치를 보여준다. 각각의 색으로 구분된 것은 퍼팅 시 임팩트 위치를 보여준다. 수평방향의 변위 차만이 점수 계산에 사용되며, 퍼터의 바깥 부분에 맞은 한 개 때문에 일관성 점수가 낮은 것으로 보인다. 샤프트의 무게 때문에 실제 스윗스팟의 위치는 약간 페이스 위쪽으로 힐(heel)부분에 있다. 따라서 바깥쪽(toe)으로 임팩트 한다는 것은 좋지 않으며 5%까지 에너지 손실을 가져온다.

5. 로프트와 올림 각도 Rising angle

빨간선은 임팩트 시 샤프트의 각도를 보여준다. 파란색 화살표는 임팩트 시 스윙의 올림 각도를 표시한다. 클럽헤드는 지면으로부터의 높이를 보여준다. 임팩트 순간 샤프트의 기울기(뒤로 누움과 앞으로 기울어짐)를 보여준다. 퍼터의 수직방향과 수평방향 그리고 퍼터의 높이를 보여 줌으로써 올려지는 각도를 보여준다. 런치 각도와 예상 스핀은 83%가 로프트에 의해서 그리고 17%가 올림각(rising angle)에 의해 결정된다. 따라서 스핀은 올림각과 동적 로프트의 차이에 의해 결정될 수 있다.

로프트각이 올림각보다 크면 백스핀, 그 반대이면 탑스핀이 예상된다. 좋은 탑스핀을 만들기 위해서는 약 3도의 올림각(rising angle)을 추천한다. 그리고 임팩트 시 로프트 각도를 약 1도 줄일 수 있으며 백스핀 또한 줄일 수 있다. 올림각의 조정은 먼 거리 퍼팅에서의 거리 조절, 빠른 그린에서의 대처능력과 관계가 있다.

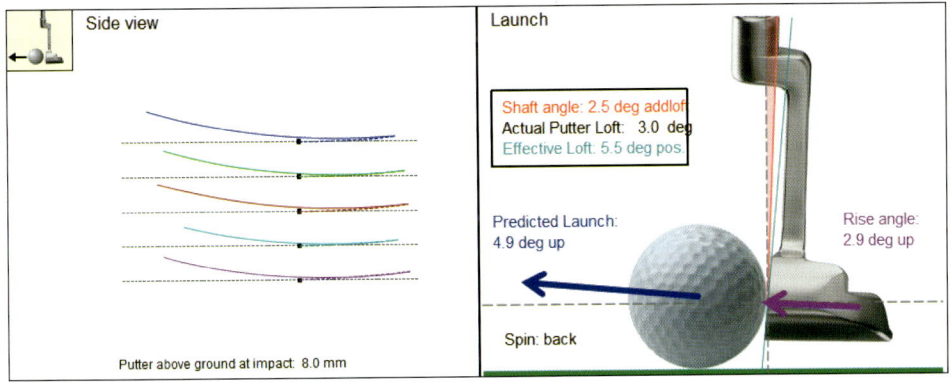

6. 클럽헤드의 회전 Face rotation

빨간색의 면적은 일직선 정렬과의 차이를 보여주며 작은 숫자들은 차이의 양을 보여준다. 파란색의 수치는 임팩트 시의 클럽 면의 회전을 보여주며 왼쪽 2.6도는 스윙이 끝나는 지점과의 회전 각도이다. 백스윙, 임팩트, 포워딩 시 각각의 클럽헤드 면의 회전각으로 상기 그림은 백스윙, 임팩트, 임팩트 이후의 퍼터 페이스 각을 보여준다. 점수와 일관성 부분의 점수는 회전 속도와의 상관관계가 있다. 약간의 회전각은 허용할 수 있다.

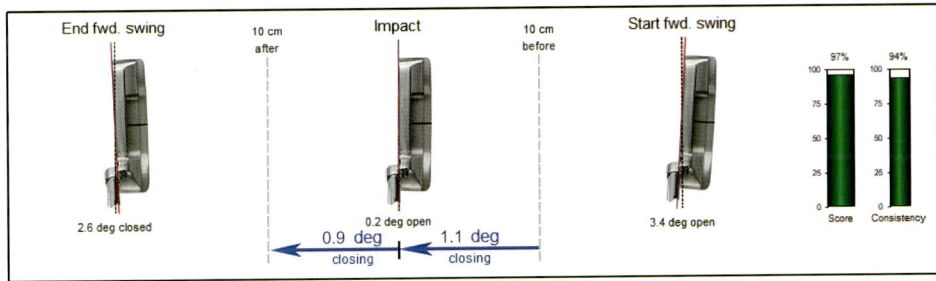

PGA투어 선수들은 평균 4m퍼팅을 기준으로 백스윙에서 임팩트까지 4도, 임팩트 후 스윙이 끝날 때 6도의 회전각을 갖고 있으며 롱퍼팅의 경우 각도는 더 커질 것이다. 임팩트 전후 10cm에서의 퍼터 헤드는 1도 전후로 스퀘어에 가깝다. 이는 손목을 사용하지 않고 어깨 위주로 스윙하고 있다는 증거이다. 따라서 미들 퍼팅이나 롱퍼팅의 경우 퍼터를 너무 직선으로 이동시키려고 하지 말아야 한다.

7. 타이밍 Timing

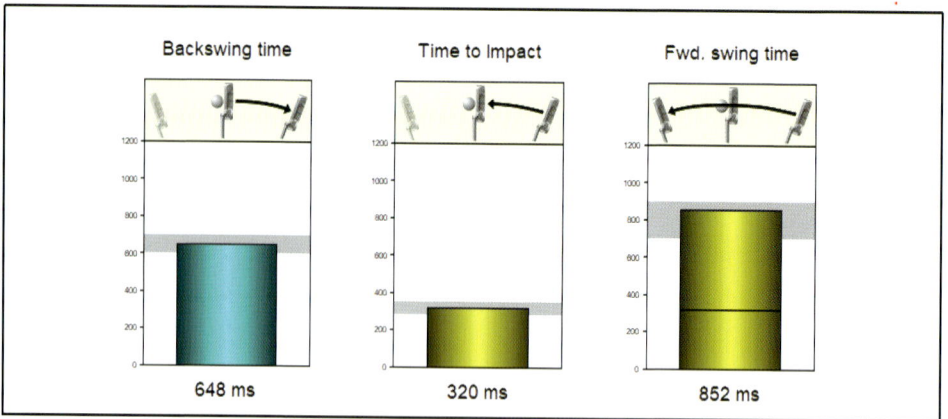

- Backswing time : 투어 선수들의 백스윙은 보통 0.6-0.7초에서 완료되며 임팩트 시간과 비교하면 보통 2배 정도의 시간 차이이다.
- Impact time : 일관성 있는 타이밍은 일관성 있는 스트로크를 위해서 대단히 중요하다. 투어 선수들의 평균 임팩트 타이밍은 포워드 스윙 시작부터 0.3초이다.
- Foward swing time : 투어 선수들의 포워딩 시간은 0.7초에서 0.9초 사이이며 포워딩은 백스윙 시간보다 좀 더 길게 된다.

Lesson 08 퍼팅의 비결

모델소개

- **이보미**
  (골프지도전공 07학번 졸업)
  - 2017 CAT 레이디스 우승
  - 2016 CAT 레이디스 우승
  - 2016 메이지컵 우승
  - 2016 어스 몬다민컵 우승
  - 2016 요코하마 타이어 토너먼트 PRGR 레이디스컵 우승

  ◆ 통산 25승(한국4승, 일본21승)

- **김혜윤**
  (골프지도전공 08학번 졸업)
  - 2008 S-oil챔피언스 인비테이셔널 우승
  - 2010 러시앤캐시 채리티 클래식 우승
  - 2011 현대차이나 레이디스 오픈 우승
  - 2012 현대차이나 레이디스 오픈 우승
  - 2015 문영 퀸즈파크 레이디스 클래식 우승

  ◆ 통산 5승(한국5승)

- **김하늘**
  (골프지도전공 09학번 졸업)
  - 2017 사이버 에이전트 레이디스 토너먼트 우승
  - 2017 월드 레이디스 챔피언십 살롱 파스컵 우승
  - 2017 산토리 레이디스 우승
  - 2016 리코컵 투어 챔피언십 우승
  - 2016 악사 레이디스 토너먼트 우승

  ◆ 통산 14승(한국8승, 일본6승)

- **조윤지**
  (골프지도전공 10학번 졸업)
  - 2018 제주 삼다수 마스터스 2위
  - 2017 ADT캡스 챔피언십 2위
  - 2016 ADT캡스 챔피언십 우승
  - 2016 OK저축은행 박세리 INVITATIONAL 2위
  - 2015 BMW 레이디스 챔피언십 우승

  ◆ 통산 3승(한국3승)

- **안신애**
  (골프지도전공 10학번 졸업)
  - 2009 KLPGA신인왕
  - 2010 SBS투어 히든밸리 여자오픈 우승
  - 2010 하이원 리조트컵 SBS 채리티 여자오픈 우승
  - 2015 이수그룹 KLPGA 챔피언십 우승

  ◆ 통산 3승(한국3승)

- **이혜인**
  (골프지도전공 10학번 졸업)
  - 2010 현대건설 서울경제 여자오픈 4위
  - 2010 SBS투어 히든벨리 여자오픈 12위
  - 제23회 태영배 한국여자오픈 골프선수권대회 4위
  - 2010년 KLPGA 홍보모델

  ◆ 2009년 KLPGA 드라이버 평균비거리 1위

- **김현수**
  (골프지도전공 11학번 졸업)
  - 2018 효성 챔피언십 with SBS Golf 5위
  - 2017 비씨카드·한경 레이디스컵 7위
  - 2017 제7회 롯데 칸타타 여자오픈 2위
  - 2017 삼천리 Together Open 8위
  - 2010 광저우 아시안게임 금메달리스트(2관왕)

- **권지람**
  (골프지도전공 13학번 졸업)
  - 2017 무안C.C·올포유 드림투어 18차전 우승
  - 2017 이동수 스포츠배 드림투어 7차전 7위
  - 2017 롯데렌터카 여자오픈 9위
  - 2015 제8회 롯데마트 여자오픈 8위

- **장소협찬** ◆ SMART KU GOLF PAVILION ◆ Kingsdale C.C

■ 저자소개

박찬희 교수

- 건국대학교 골프산업전공 교수
- 건국대학교 골프부 감독
- 건국대학교 대외·학생 복지처장
- 대한골프협회 강화위원
- 대한골프협회 핸디캡 분과위원
- 한국대학골프연맹 전무이사(전)
- 한국 문화·체육 진흥원 원장
- 타이틀리스트 자문위원

■ 2019년 3월 18일 개정판 발행

저　　자	박찬희
모　　델	김하늘, 김혜윤, 안신애, 이보미, 조윤지, 이혜인, 김현수, 권지람, 최바름
촬　　영	이주환
발 행 인	이승수
발 행 처	도서출판 의학서원
등록번호	제406-00047호
주　　소	인천광역시 연수구 송도미래로 30 송도스마트밸리 지식산업센터 D동 504호
전　　화	02) 2678-8070, 032) 816-8070
홈 페 이 지	www.dhsw.co.kr
정　　가	25,000원
I S B N	979-11-6308-008-4

건국대학교 골프부

일러스트 작가 | 신진섭